Romano Guardini
Lesebuch der Lebensweisheit

topos taschenbücher, Band 857
Eine Produktion des Matthias Grünewald Verlags

Romano Guardini

Lesebuch der Lebensweisheit

Täglich ein Text

topos taschenbücher

Verlagsgemeinschaft topos plus
Butzon & Bercker, Kevelaer
Don Bosco, München
Echter, Würzburg
Lahn-Verlag, Kevelaer
Matthias Grünewald Verlag, Ostfildern
Paulusverlag, Freiburg (Schweiz)
Friedrich Pustet, Regensburg
Tyrolia, Innsbruck

Eine Initiative der Verlagsgruppe engagement

Bibliografische Information der Deutschen Nationalbibliothek
Die Deutsche Nationalbibliothek verzeichnet diese Publikation in der Deutschen Nationalbibliografie; detaillierte bibliografische Daten sind im Internet über http://dnb.d-nb.de abrufbar.

Einband- und Reihengestaltung | Finken & Bumiller, Stuttgart
Umschlagabbildung | www.photocase.de / danielo
Herstellung | Friedrich Pustet, Regensburg
Printed in Germany

Topos ISBN: 978-3-8367-0857-9
www.toposplus.de

Einführung

»So meine ich es mit meiner seelsorglichen Arbeit: Helfen durch die Wahrheit.« Dieser den Tagebüchern Romano Guardinis entnommene Eintrag findet sich auf der Gedenktafel in der Universitätskirche St. Ludwig in München, an der Guardini von 1948 bis 1961 im sonntäglichen Studentengottesdienst predigte. Noch heute werden St. Ludwig und Guardini in einem Atemzug genannt. Die Erinnerung ist lebendig, daß es Guardini gelang, ungezählten Menschen – über die Konfessionsgrenzen hinweg – Wege zu tragfähigen Antworten auf existentielle Fragen aufzuzeigen. Aus diesen Predigten sind sechs Meditationsbände hervorgegangen, die Guardini selbst als sein »theologisches Testament« bezeichnete. Zwei dieser Schriften – die »Tugenden« und »Das Gebet des Herrn« – wurden auch für die vorliegende Textauswahl mit herangezogen.

Wer war Romano Guardini? Geboren am 17. Februar 1885 in Verona, wuchs er seit dem ersten Lebensjahr als ältester von vier Brüdern in Mainz auf. Nach anfänglichen Umwegen über das Studium der Chemie und Nationalökonomie wandte er sich seit 1905 an den Universitäten Freiburg und Tübingen der Theologie zu. Nach seiner Priesterweihe 1910 und Kaplansjahren in der Diözese Mainz promovierte er 1915 an der Universität Freiburg und habilitierte sich 1922 in Bonn. In dieser Zeit kam er über Maria Laach in Verbindung mit der Liturgischen Bewegung (»Vom Geist der Liturgie«) und über die Burg Rothenfels in Kontakt mit der Katholischen Jugendbewegung, deren führender Kopf er wurde.

Durch den Vortrag »Die Kirche erwacht in den Seelen« beim Katholischen Akademikerverband wurde der preußische Kultusminister Carl Becker auf Guardini aufmerksam und berief ihn 1923 auf den neu errichteten Lehrstuhl für »Religionsphilosophie und Katholische Weltanschauung« an der Universität Berlin, der für Hörer aller Fakultäten konzipiert war. Aus Predigten bei Studentengottesdiensten in Berlin entstand Guardinis wohl berühmtestes Werk »Der Herr«. Nach der Zwangspensionierung im Jahre 1939 durch die Nazis verbrachte Guardini die Jahre bis Kriegsende im schwäbischen Mooshausen. 1945 wurde er an die Universität Tübingen berufen und 1948 erfolgte der Ruf an die Universität München auf den Lehrstuhl für »Religionsphilosophie und Christliche Weltanschauung«: Durch seine unermüdliche Vorlesungs- und Predigttätigkeit wurde Guardini einer breiten Öffentlichkeit bekannt. Hochgeehrt und ausgezeichnet u.a. mit dem Friedenspreis des deutschen Buchhandels (1952) und dem europäischen Erasmus-Preis (1962), verstarb Romano Guardini am 1. Oktober 1968 in München. Die Katholische Akademie in Bayern, seit ihrer Gründung 1957 Guardini und dessen Werk eng verbunden, hat sich die Bewahrung und Weitergabe seines reichen geistigen Erbes zur besonderen Aufgabe gemacht.

Die Wahrheit, deren »klare und stille Macht« er »zum Leuchten bringen« wollte, und die er beim Predigen manchmal »wie ein lebendiges Wesen im Raum« zu spüren vermeinte, war für Guardini ein zentraler Begriff, der auch in vielen Titeln seiner Schriften erscheint. Besondere Ausstrahlungskraft verlieh ihm seine einzigartige Fähigkeit, auf seine Zuhörer und Gesprächspartner eingehen zu können. Wer Guardini hörte, auch wenn er oben auf der Kanzel oder hinter dem Katheder stand, hatte immer das Gefühl: Da redet einer, der mit uns im Kreis beisammensitzt, im Gesprächston, und nimmt den anderen ganz ernst. Sein Wirken war ein lebenslanges Gespräch zur Wahrheitsfindung und Sinnerhellung menschlicher Existenz.

Die vorliegende Textauswahl schöpft aus elf Einzelschriften Guardinis, ist formal nach den einzelnen Tagen des Jahres gegliedert und orientiert sich, wo möglich, am Jahreskreis. So enthält der Monat Januar, in dem man auf das kommende Jahr blickt, Texte über Gottes Wille und Vorsehung, die erste Aprilhälfte bringt im Einklang mit Fasten- und Passionszeit Auszüge aus Guardinis »Kreuzweg«, für

Dezember als den Monat des Advents und Jahreswechsels sind Abschnitte aus dem Werk »Nähe des Herrn« aufgeführt. Die Auswahl der Meditationen ist so angelegt, daß die Texte des öfteren über mehrere Tage beim gleichen Gedanken verweilen. Auf diese Weise kann ein komplexerer Zusammenhang über einen längeren Zeitraum vertieft werden.

Im Mittelpunkt der Betrachtungen steht der Mensch vor Gottes Angesicht. Man spürt in Guardinis Meditationen die existentielle Betroffenheit des »angefochtenen, sehr treuen Christen«. Alles ist aus ureigenstem Erleben heraus durchdacht – und wohl auch durchlitten. Bei aller Tiefe des Gedankens ist die Sprache Guardinis ebenso einfach wie durchsichtig, und in einem ganz besonderen Sinne vornehm: In einem der Nachrufe hieß es, »er predigte nie«, womit angedeutet ist, daß ihm jeglicher moralisierende Unterton fremd war. Guardini stellte vielmehr dem Menschen seinen von Gott herrührenden Adel vor Augen, darauf vertrauend, daß der Mensch im Wissen um die ihm zuerkannte Würde die rechten Schlüsse schon selber ziehen werde.

Romano Guardini kommt das einzigartige Verdienst zu, zwei im Innersten ziellos gewordenen Nachkriegsgenerationen geistigen Halt und eine tragfähige Lebensorientierung gegeben zu haben. In unserer heutigen Zeit vielfacher Umbrüche findet seine glaubwürdige Art, die christliche Botschaft zu vermitteln, neues Gehör.

Dr. Franz Henrich
Direktor der Katholischen Akademie in Bayern
München, im März 1996

Januar

1 Im Neuen Testament kehrt ein Gedanke immer wieder und drückt den Inbegriff dessen aus, was Christus uns gebracht hat: die Vorsehung …: Mit eurem Dasein und mit eurem Leben und mit allem, was zu euch gehört, seid ihr umgeben von einer unendlichen Güte. Was immer auch geschieht, kommt nicht von ungefähr, sondern es wirkt euer Wohl, denn der Lauf der Dinge ist von einer liebenden Sorge gelenkt, die auf euch gerichtet ist.

2 »Vorsehung« meint, daß in allem, was geschieht, ein Sehen sei; und was da gesehen wird, sei ich. Sie meint, daß da ein Voraussehen sei auf das hin, was gut für mich ist. Daß Augen in der Welt seien, auf alles achtende Augen, denen nichts entgehe, was mir schadet oder nützt.

3 An die Vorsehung glauben, den lebendigen Glauben an die Vorsehung vollziehen, heißt das Bild der Welt verwandeln. Sie bleibt dann nicht die Welt der Naturwissenschaft.
Sie wird lebendig … Vorsehung sagt, die Welt mitsamt ihren natürlichen Tatsachen und Notwendigkeiten sei nicht in sich abgeschlossen, sondern liege in einer Macht und diene einer Gesinnung, die höher sind als sie.

4 Vorsehung bedeutet, daß alles in der Welt sein Wesen und seine Wirklichkeit behält, aber einem über alle Welt hinaus Höchsten dient: dem Liebeswillen Gottes.

5 Die Liebe Gottes zu seinem Geschöpf, das er sich zu seinem Kinde gemacht hat, ist lebendig, so wie die eines liebenden Menschen zu dem, der ihm teuer ist. Sie folgt ihm in seiner Entwicklung, in seinen Schicksalen, in seinem im-

mer neuen persönlichen Tun und Entscheiden. So ist auch Gottes Liebe zum Menschen lebendig und immer neu.

6 Was geschieht, kommt von Gott her, aus seiner Liebe, auf mich zu. Es ruft mich an. Es fordert mich auf. Darin soll ich leben und handeln und wachsen und der werden, der ich nach Gottes Willen sein soll.

7 Man kann den Gedanken der Vorsehung bloß mit dem Verstande denken. Dann bleibt er Theorie. Man denkt dann eben, daß alles von Gott erschaffen ist, und alles, was geschieht, seinen Willen erfüllt. Wenn dann die Welt zu widersprechen scheint, so appelliert man daran, wie das Gesamte der wirkenden Kräfte so vielfältig, und das Gefüge der Zwecke so weitschichtig sei, daß wir es nicht durchdringen können ... Was im einzelnen vielleicht wie Sinnlosigkeit oder Zerstörung scheint, diene doch einem letzten Ziel.

8 Die Vorsehung ist Wirklichkeit; und diese Wirklichkeit soll man vor allem nicht denken, sondern man soll sie tun ... Dann wird dir eines Tages deutlich werden, daß Er da ist, und dich anschaut, und du bist angeredet und aufgefordert. Und nun trittst du lebendig in diese Einheit hinein und handelst aus ihr ... – da ist Vorsehung!

9 Vorsehung ist nicht ein fertiger Apparat, der funktioniert, sondern sie vollzieht sich schöpferisch aus dem Neuen der Freiheit Gottes heraus, und »auch« aus unserer kleinen Menschenfreiheit. Nicht irgendwo, sondern hier. Nicht überhaupt, sondern jetzt.

10 Gott ist der, der sieht … Das Meiste in der Welt ist mir entrückt. Es liegt zu fern, als daß ich hingelangen könnte. Es dehnt sich zu weit, als daß ich es überschauen könnte. Es zieht sich zu tief ins Kleine zurück, als daß ich es auffassen könnte. Gott sieht alles.

11 Gott sieht, was hinter den Mienen lebt, hinter der Gebärde, hinter dem Ausdruck der Gestalt. Der Wille, der sie beherrscht, mag noch so stark, ihr Spiel mag noch so täuschend sein; der ganze Trug der Natur selbst mag in ihnen walten: für Gott sind sie offen bis in den letzten Rest.

12 Wenn die Heilige Schrift ausdrücken will, daß etwas vor dem letzten Maßstab der Wahrheit stehe, geprüft durchaus, dann sagt sie, es sei so »vor Gott«. Es steht in Gottes Blick, durchschaut bis auf den Grund, vernommen bis in seine innerste vor jedem Wort liegende Stille, und ist von dorther als das bestätigt, was es zu sein beansprucht.

13 Was die Dinge »vor Gott« sind, ist etwas sehr anderes, als was sie »vor den Menschen« sind oder vor sich selbst. Darin, daß alles Geschehen vor Gott geschieht, vollzieht sich das beständige Gericht Gottes über alles, was ist und geschieht. Alles ist von ihm gesehen, im Ganzen und im Einzelnen, im Äußeren und im Inneren, in der Ursache und in der Wirkung, im Beginn und im Fortgang.

14 Gott ist der, der sieht. Aber sein Sehen ist Liebe. Sein Sehen umfaßt seine Geschöpfe, sagt Ja zu ihnen und ermutigt sie, denn »er haßt nichts von dem, was er geschaffen«, hat er doch einmal gesehen, daß »alles gut war«. Er sieht ihre Möglichkeiten und ruft sie dazu. Er sieht das Böse

und ermißt es; er sieht die Sünde und richtet sie; sein Urteil geht bis auf den Grund und nichts besteht vor ihm – aber er selbst hat uns gesagt, daß er der Liebende, Erbarmende und Vergebende, daß er der Erlösende ist, und das alles ist in seinem Blick.

15 Gottes Sehen bedeutet, daß er sein Angesicht auf den Menschen richtet und ebendarin dem Menschen sein Angesicht gibt ... Gott ist der, der liebend sieht. Der, aus dessen Sehen die Dinge sie selber sind ... aus dem ich selber bin.

16 Es gibt nichts Helleres als Gottes Blick. Aber es gibt auch nichts Bergenderes. Er ist unerbittlich; aber er ist auch das, aus dem die Hoffnung entspringt.
Der Blick Gottes veröffentlicht nicht; er hütet. Von ihm gesehen sein, heißt nicht preisgegeben werden, sondern umfangen sein, im Tiefsten behütet.

17 Wir können nichts Besseres tun, als uns und alles, was unser ist, in Gottes Blick stellen: »Sieh mich!« Die Furcht wegtun, die uns daran hindern will. Die Trägheit, den Schein des Ehrgefühls, den Stolz, alles fort! »Das Gute: sieh es! Das Unzulängliche: sieh es auch! Das Häßliche, das Unrechte, das Böse, das Schlechte, alles: – sieh es, Gott!«

18 Manchmal kann man etwas nicht ändern. So soll Er es wenigstens sehen. Manchmal kann man auch nicht in Ehrlichkeit bereuen. Aber sehen soll Er es – und daß wir es noch nicht bereuen können dazu!

19 Alle Unzulänglichkeit und alles Schlimme mag sein. Es ist noch nicht tödlich, solange es sich vor Seine Augen stellt. Solange noch das Hintreten vor die Augen Gottes geschieht, ist das wie ein unzerstörbarer Punkt der Erneuerung. Alles ist möglich von Gott her. Aber alles ist in Gefahr, sobald einer dieses nicht mehr will.

20 Was ist das – der Wille Gottes?
Wir haben uns allzusehr gewöhnt, ihn nur moralisch zu nehmen: als Summe dessen, wozu wir verpflichtet sind; als eine Art Personifikation des »Sittengesetzes«. Aber er ist ja viel mehr als das! Der Wille Gottes ist für uns einfachhin das, was geschehen soll. Was in der Welt, die er geschaffen hat, werden soll; heranwachsen soll aus dem Spiel der Naturmächte; heraufsteigen aus dem Schaffen des Menschen, aus der Freiheit des Geistes, damit so die Welt werde, wie Er sie gedacht hat.

21 Wille Gottes ist das, was Gott von den Menschen fordert. Von den Menschen – nein: von mir. Es ist der Wille, den er hat an mich: das, was ich soll. Ich, dieser Eine, stehend im Gesamten. Ich durch die Gesamtheit der Geschichte und der Welt, und die Gesamtheit dieser Welt durch mich.

22 Der Wille Gottes ist nicht nur eine Forderung, sondern auch ein Wirken. Er ist die besondere Weise, wie Er in mir mahnt, drängt, hilft, trägt, wirkt und formt, ringt, überwindet und vollendet. Der Wille Gottes ist die Kraft, mit der Er wirkt, daß ich vollbringen könne, was Er fordert. So gesehen, hat er einen anderen Namen: er heißt die Gnade.

23 Gottes Wille ist in mir nicht fertig geprägt, sondern etwas, das beständig neu wird und fordert. Wenn ich vor einer Pflicht stehe und genüge ihr nicht, dann ist Gottes Wille nicht geschehen. Ist damit zu Ende, daß Gottes Wille sei? Gibt es nun keinen Willen Gottes mehr an mich? Doch! Sofort wieder sagt er: »Tue das!« Freilich ist dieser Wille nun anders geworden. Das Unrecht ist geschehen ... Es steht vor Gott als Schuld.

24 Immer gibt es »Willen Gottes«. Immer ist »Weg« ... Was auch geschehen mag, Gutes oder Böses, der Wille Gottes richtet darüber, aber zugleich nimmt er das nun Geschehene auf und fordert den nächsten Schritt. Und damit geht es weiter.

25 Der Wille Gottes muß den schönsten Namen tragen, den die Offenbarung hat: er ist die Liebe des Vaters. Kein unpersönliches Gesetz, sondern die lebendige Schaffensmacht des Schöpfers von Mensch und Welt ... Kein Befehl des Herrschers über die Menschenuntertanen, sondern die persönliche Forderung des Vaters an diesen seinen Sohn, an diese seine Tochter.

26 Es ist ein Geheimnis um die Geduld Gottes. Was bedeutet sie wohl? ... Als Gott die Welt schuf, hat er sie nicht fertig gemacht, wie ein Mensch ein Gerät baut. Das ist dann, wie es ist, und kann nur noch in Ordnung gehalten werden. Gott hat gewollt, daß die Welt sich in langen, unmeßbar langen Zeiträumen vollenden sollte. Gottes Geduld aber ist die Kraft, mit der er diese für uns unerfühlbar weiten Zeiten durchgreift und sein Werk durch sie hin zur Vollendung führt.

27 Das Dasein des Menschen rinnt dahin. Er hat keine Zeit. Darum will er, daß die Dinge schnell gehen. Gott hat Zeit. Er ist über aller Zeit … Der Mensch will alles auf einmal. Gott weiß, daß immer nur eins nach dem anderen kommen kann.

28 Gott hat die Welt so gemacht, daß die Dinge nicht zusammen da sind, sondern jedes für sich und zu seiner Zeit. Daß sie nicht beliebig erscheinen, sondern jedes dann, wenn seine Vorbedingungen erfüllt sind. Daß sie nicht hier sein können und auch dort, sondern jedes seinen Ort hat im Zusammenhang des Daseins.

29 In der Welt, die Gott geschaffen hat, gibt es Menschen, und mit dem Menschen die Freiheit. Freiheit aber in der Hand eines Wesens, das irren kann. So kann die Freiheit böse und töricht werden. Das ist auch geschehen. Der Mensch hat gesündigt. Die erste Tat war Ungehorsam, Auflehnung, böse Ungeduld. Er wollte sein wie Gott.

30 Was Gottes Geduld heißt, wird erst richtig klar, wenn es der Mensch ist, an dem er sie übt. Keinen Augenblick hat er ihn aus seiner Liebe herausfallen lassen. Er hat ihn festgehalten. Er hat ihm die Erlösung verheißen.

31 Gott hat seine Boten geschickt, daß sie mahnten und verkündeten, bis die Fülle der Zeit kam, Gottes Sohn Mensch wurde, und die unendliche Möglichkeit des offenen Gottesreiches brachte. Die Antwort der Menschen war der zweite Sündenfall … Wieder aber ist Gottes Zorn nicht entbrannt. Er hat die Welt nicht in den Folgen ihres Tuns zu-

grunde gehen lassen, sondern aus ebendem, was sie seinem Sohne antat, das Werk der Erlösung hervorgehen lassen.

Februar

1 Bloße Verstandesarbeit führt nicht zur lebendigen Gotteserkenntnis. Wenn sie aufrichtig ist, vermag sie dafür einen guten, ehrlichen Dienst zu tun; aber ein wirkliches Innewerden des Lebendigen Gottes wird niemals Frucht bloßen Denkens sein.

2 Es gibt das lebendige Denken. Jenes also, das aus dem Leben kommt und wieder dorthin zurückkehrt; das die Erfahrung des Lebens deutet, in Zusammenhang bringt, vertieft und uns zu neuer Erfahrung befähigt. Jenes Denken, das selbst von allen Kräften des Menschendaseins getragen, durchwirkt und gelenkt ist, der Anschauung, des Gewissens, des Verlangens, der Ahnung, der Wirklichkeitserfahrung und wie immer wir sie nennen mögen.

3 Wenn das Innerste, das Herz, bereit ist, dann blickt das geistige Auge offen in das Geschehen, in die Dinge, und erkennt darin den großen Anderen. Alles deutet auf ihn hin. In ihm erst laufen die Linien des Seins zusammen, der Ursachen, der Weisheit, des Ausdrucks, der Bildlichkeit, des Verlangens, des Sinnes.

4 Eines Tages kann es geschehen, daß uns ein »Du sollst« mit einer besonderen Bedeutung entgegentritt. Daß wir fühlen: wenn ich hier bestehe, oder wenn ich hier versage – das trägt sehr weit ... In solcher Forderung ist mehr gegenwärtig als bloßes »Sittengesetz«. Gott ist darin nahe ... Der Lebendige Gott spricht in der Stimme des Gewissens.

5 Es gibt noch eine andere Art der Gotteserfahrung: die der Lebensfügung ... Es kann sein, daß wir bei irgendeiner Gelegenheit hinter diesem Geschehen etwas Besonde-

res spüren: alles das passiert nicht nur, es begibt sich nicht nur an mir, oder durch mein Dasein hindurch, sondern hat eine Beziehung zu mir. Es kommt auf mich zu. Es ist für mich gemeint.

6 Eine andere Gotteserfahrung: die der Sehnsucht. Wir verlangen danach, in Tiefe und Liebe geborgen zu sein; im reinen Glück gesättigt zu werden – oder wie immer wir mit Gedanken und Worten ausdrücken mögen, wonach die Sehnsucht geht, und was stets mehr ist, als jeder dieser Gedanken umfassen und jedes dieser Worte ausdrücken kann.

7 Die Sehnsucht – wir könnten sie auch die Liebe nennen, welche nach dem Gegenstande sucht, der ihrer würdig ist ... Sie wägt, und im Letzten wiegt alles zu leicht. Dinge und Werke und Menschen – im Letzten vermag nichts zu genügen.

8 Die Sehnsucht kann zu müdem Verzicht werden, zu einer Hoffnungslosigkeit, die sich im Genuß übertäubt; zu einer Bitterkeit, die sich wider alles kehrt. Es kann aber auch sein, daß dem so Erfahrenden aufleuchtet: das, was ich suche, muß es dennoch geben! ... Sobald die Sehnsucht sich so von den Dingen weghebt und mit reinem, suchendem Verlangen ausstreckt, ist sie schon bei Gott. Solches Suchen bedeutet, daß schon ein Finden geschehen ist, deshalb, weil es bereits der Lebendige Gott ist, der jenes Suchen und jenes Ungenügen wirkt und darin den Menschen an sich zieht.

9 Eine weitere Weise des Gottesbewußtseins, vielleicht die kostbarste: das einfache Wissen: Gott ist da ... Dieses Bewußtsein kann eine doppelte Gestalt haben, die der

Leere und die der Fülle. Es kann sein, gar nichts ist da … Das Herz entbehrt; es verlangt hinaus, und ringsum ist's leer … Aber dieses »Nichts ist da«, diese Leere, diese Stummheit hat irgendwo eine Mitte. Sie steht unter einer unfaßbaren Gestalt. Ein Wartendes harrt darin. Sie ist Ort Gottes. Er ist da, dadurch, daß er »nicht da« ist.

10 Wenn ich frage: Gott ist doch, und ist der Allgewaltige: wie kann es sein, daß ich ihn nicht fühlend erfahre? Stärker als alle Dinge, unmittelbarer als mich selbst? Dann kann die Antwort doch wohl nur heißen: weil ich Geschöpf bin. Er ist ja der Unendliche; der, von dem alle Maßbegriffe abgleiten; der allein sprechen darf: »Ich bin der Ich-Bin.« Meine Endlichkeit selbst, ich selbst bin der Schleier, der Gott verbirgt.

11 Nicht nur, daß du endlich bist, trennt dich von Gott; nicht nur, daß du ein Stück Welt bist, macht, daß Er, der »im Himmel wohnt«, im »unzugänglichen Licht«, sich dir entzieht, sondern daß du sündig bist. Das macht dich nicht nur zum Schleier, der Gott verbirgt, sondern zur »Finsternis«, die den Heiligen »nicht begreift«.

12 Das Wissen um Gott ist etwas Lebendiges. Alles Lebendige aber wächst. Im Glauben sind wir belehrt, daß Gott ist, und daß wir des Gotteswissens fähig sind.

13 Immer wieder wird in der Heiligen Schrift von der Nähe Gottes gesprochen, und von dem Leben in seiner Nähe; von seinem Angesicht, das er uns zeigen wird, und vor dem wir leben sollen …

Das alles sind doch nicht bloß Worte! Es sind wirkliche Verheißungen, und sie sagen uns: du kannst der Wirklichkeit Gottes inne werden.

14 Gott ist der, dem alles lebt. Nichts, was lebt, lebt fern von ihm. Nichts, was leben soll, stirbt ihm. Alles, was leben kann, erhält Fülle des Lebens in ihm.

15 Gott ist der Lebendige. Nichts Totes ist in ihm. Nichts ist da bloß vorhanden; alles durchwest, durchwirkt, sich selbst besitzend. Nichts lastet; alles schwebt frei in heller Spannung. Nichts schläft; alles brennt in der Gegenwärtigkeit des einen, allumfassenden, unendlichen Lebensaktes.

16 Die Menschen werden geboren; sie wachsen auf, haben ihre Freuden, ihre Not, ihre Schicksale; sie mühen sich, und kämpfen, und entwickeln sich – das alles geschieht in Gott.

17 Es gibt eine schlimme Frömmigkeit, welche die göttlichen Dinge der Welt herabsetzt. Ein nicht verwundenes Begehren nach dieser Welt rächt sich darin. Nein, die Dinge der Welt sind nicht gering. Sie sind auch nicht gleichgültig; vollends nicht für Gott.

18 Gott hat sein Werk den Menschen in die Hand gelegt, daß sie es wahren und fortführen, und er will, daß sie es gut vollenden, Ihm zur Freude und ihnen selbst zum Sinn ihres Daseins. So ist Gott mit dabei, wenn wir unser Werk tun, was es auch sei. Für ihn sollen wir es tun, und mit ihm.

19 Gott lebt, und ihm lebt alles.
Und nun kommt der Tod.
Es gibt den vollendenden Tod. Darin stirbt der Mensch, wie einer gesagt hat, »seinen« Tod. Er stirbt so, daß dieser Tod gleichsam die Frucht seines eigensten Daseins ist, und dieses Dasein darin ausreift. Das ist eine seltene Gnade.

20 Es gibt auch den Tod, der zerstört. Ein junges Wesen ist herangeblüht; und es stirbt ... Ein Mensch ist anderen nötig. Er ist ihnen Halt und Schutz. Ein solcher wird hinweggenommen ... Oder man hat einen Menschen heranwachsen sehen; er hätte Großes schaffen können, und wurde vorher weggerissen ... Ist nicht hier das Leben selbst verleugnet? Versagt hier nicht Gottes Lebendigkeit?

21 Der Glaube sagt uns, daß im Tode Gott dem Leben seine eigentliche Erfüllung gibt ... Wie immer das Leben eines Menschen sich gestalten mag, sein Maß ist ihm von Gott zugemessen, der »nicht den Tod will, sondern das Leben«.

22 Wenn ein Mensch stirbt, dann tritt er vor Gott ... Im Tode geschieht ein Wunder des Einbruches Gottes. Gott selbst reißt die Hüllen weg. Er tut, so sagt der Glaube, ein Wunder der Gnade: Er enthüllt seine Gegenwärtigkeit.

23 Im Tod steht der Mensch vor Gott, und sein ganzes Sein brennt auf ... Er wird zur eigentlichsten Lebendigkeit entfacht. Alles Tote wird verzehrt ... Alles wird in die höchste Lebendigkeit gerissen. Was nicht lebt, verbrennt. Alle Krusten brennen weg, alle Verhärtungen. Alles Verkümmerte reckt sich. Alles Eingeengte atmet auf.

24 Was ist die christliche Reue? Gott richtet den Menschen; und der Mensch, der vor Gott steht, richtet auch, mit Gott zusammen, sich selbst. So ungeheuer und so unsäglich schön enthüllt sich Gottes Helligkeit, daß der Mensch sich mit dem Maß der Gottesliebe mißt. In allem, auch in dem, worin er ihr widersprochen hat. Er vollzieht Gottes Gericht mit, gegen sich selbst.

25 Was der Mensch getan hat, hat er damit nicht weggetan, sondern es lebt in ihm. Es steht in seinem lebendigen Sein; als Kraft oder Hemmung. Alles nimmt er mit sich in Gottes Gericht. Er tritt in die Glut der Gegenwart Gottes, und »wie durch Feuer«, in welchem verbrennt, was nicht lebendig werden kann, geht er ein in ewige Lebendigkeit.

26 Aus dem Glauben, aus Gnade und Wiedergeburt hat Gott ein neues Leben in unser natürliches eingesenkt. Es webt in diesem, stammt aber von Ihm. Es müht sich, will wachsen, zur Klarheit und Fülle heranreifen. Aber das alte drückt ... die Welt, die gewalttätige, schwere Endlichkeit decken es zu.

27 Einst, wenn der Mensch vor Gott steht, dann wird offenbar werden, was wir sind. Dann bricht, im freimachenden Licht Gottes die innere Neuheit glorreich hervor: die »Herrlichkeit der Kinder Gottes«. Tag der Geburt, nannte die alte Kirche den Tod.

28 Ist die Vorstellung des ewigen Lebens ein eintöniges Einerlei? ... Das ewige Leben sagt: Dir ist Gott gegeben als Inhalt, vor dem die Welt ein ins Nichts verschwindender Punkt ist. Und durch die Gnade ist dir Anteil ge-

schenkt an Gottes eigener Kraft, zu schauen, zu lieben, zu ermessen, zu besitzen, zu freuen. Reicht das Wort »Eintönigkeit«, und was damit gemeint sein kann, auch nur in irgendeine Nähe dessen, worum es hier geht?

März

1 Was ist Askese? Das Phänomen hat im Lauf der Geschichte viele Abwandlungen erfahren. Da ist einmal die radikale Askese des Buddhismus, dessen Lehre lautet: »Alles was ist, ist Leiden«, und zwar Leiden, das keinen Wert erzeugt. Von allem gilt, es wäre besser nicht. Nun ist das Seiende aber deshalb, weil es aus der Gier nach Leben hervorgeht. Also muß der Inbegriff des zu Tuenden darin bestehen, den Willen zum Leben abzubauen, um dadurch das Sein aufzuheben.

2 Der Buddhismus stellt die Lehre von der radikalen Entsagung auf, durch welche der Heilsuchende sich von allem Genuß löst. Dann die weitere Lehre von der ebenso radikalen Bewußtmachung, die bis auf die Wurzel des Lebens geht, das Sein aufhebt und die Auflösung ins Nichtsein, ins Nirwana vollzieht.

3 Im christlichen Glauben ist der Seiende einfachhin Gott, der Inbegriff des Heiligen, Lebendigen und Seligen. Er hat die Welt geschaffen; so ist sie sinnvoll und gut. Das Böse in ihr kommt aus dem Willen des Geschöpfes. So lautet die Forderung nicht, die Welt aufzuheben, sondern den Willen zum Guten zu kehren.

4 Eine andere Vorstellung von der Askese ist die dualistische. Sie erscheint vor allem in den religiös-philosophischen Systemen des Manichäismus und der Gnosis. Nach ihnen ruht die Welt auf zwei Prinzipien, deren eines der Geist, das andere die Materie ist. Der Geist ist das Lichte und Gute: die Materie das Finstere und Böse.

5 Für den Manichäismus ist alles Materielle böse:
- die Dinge,
- der Leib mit seinen Trieben,
- der sinnliche Genuß in seinen verschiedenen Formen,
- in besonderer Weise das Leben des Geschlechts.

6 Für den Christen gibt es kein Prinzip des Bösen. Das Böse ist die Negation alles dessen, was Prinzip heißt: der Idee, der Norm, des Wertes, des Sinnes.

7 Eine dritte Form der Askese hängt mit den Vorstellungen der Magie zusammen. Da ist etwa die Erfahrung, daß es im Menschen außer den ohne weiteres vertrauten Möglichkeiten physischer, psychischer, spiritueller Einwirkung auch eine andere schwer erfaßbare gibt. Nämlich die Ausstrahlung des lebendigen Seins; die Macht der Persönlichkeit, der Einfluß der Suggestion.

8 Das frühe Denken verbindet diese Einflüsse mit religiösen Momenten, und es entsteht die Vorstellung geheimnishafter Macht, die umso größer wird, je mehr der Mensch sich von dem ablöst, was sonst das Leben in Anspruch nimmt.
Dann geht der Gedanke aber weiter und sagt: Der Mensch hat Macht nicht nur über Vorgänge der Natur und des Menschenlebens, sondern auch solche der übersinnlichen und göttlichen Welt.

9 Zu solcher Macht wird der Mensch dann fähig, wenn er seine Kräfte zusammenholt, seinen Mut stärkt, sein Bewußtsein richtet. Um das zu können, muß er sich aus den zerstreuenden und bindenden Wirkungen der Weltdinge,

aus der Abhängigkeit von Genuß, Furcht, Trägheit usw. ablösen.

10 Eine vierte Form der Askese ist die puritanische. Sie hat ihre reinste Ausprägung im Calvinismus empfangen. Nach diesem ist der Mensch durch die Ursünde ganz und gar böse geworden.
Und so fordert echte Seligkeit:
- jeder Sinnenbefriedigung zu entsagen,
- alles was Genuß heißt, immer mehr einzuschränken,
- der Freude zu mißtrauen,
- den Schwerpunkt des Lebens ganz in religiösem Ernst, Arbeit und Pflichterfüllung zu setzen.

11 Es ist nicht wahr, daß der Mensch radikal böse geworden sei, und sein ganzes Wesen das Böse wolle. Wohl ist in ihm Böses; aber auch Gutes. Er steht in Auflehnung gegen Gottes Ordnung, aber er hat in sich auch das Verlangen nach dem Heil und innerste Sehnsucht nach Gott.

12 Die Aufgabe besteht darin, Gut und Böse zu unterscheiden, die Verbindung zum heiligen Gott zu suchen, seiner Gnade sich zu öffnen und in Zuversicht das Rechte zu tun. Was aber die Freude angeht, so gehört sie zum Leben; die geistige wie die körperliche – sie muß nur geordnet werden.

13 Eine letzte Form der Askese geht nicht aus einem bestimmten Weltbild, sondern aus persönlichen Erfahrungen hervor. Wenn ein Mensch das Gefühl bekommt, das Leben habe ihm nicht gegeben, was er suchte, dann kann das trotz allem in eine letzte Bejahung aufgenommen werden,

die das Leben anerkennt und aus dem, was ist, das bestmögliche zu machen sucht.

14 Das Sein des Menschen ist so, daß er der sittlichen Verwirklichung sich nicht immer gern zur Verfügung stellt, sondern sich ihr auch widersetzt. Selbst dann, wenn er weiß, daß erst in ihrer Erfüllung sich der Sinn seines Daseins verwirklicht. Diesen Widerstand zu überwinden ist Askese.

15 Die ganze Neuzeit ist von der Überzeugung bestimmt, der Mensch sei ein natürliches Wesen. Er habe sich aus gegebenen biologischen Voraussetzungen entwickelt. Dabei sei er nicht nur komplizierter geworden als andere Lebewesen, sondern in ihm sei das erwacht, was Geist heißt. Dadurch sei die Komplikation kritisch geworden; ja, es seien Möglichkeiten der Verwirrung, des Widerspruchs, der Tragik entstanden, die es bei den anderen Lebewesen nicht gebe.

16 Zeigen sich – so die Auffassung der Neuzeit – bei der Entwicklung des Menschen Widerstände, dann kommen sie von außen aus ungünstigen Umständen der geschichtlichen oder individuellen Situation, aus falschen gesellschaftlichen oder wirtschaftlichen Einrichtungen, aus verfehlter Erziehung usw. Diese Mißstände können aber behoben werden, und der Mensch ist im Grunde nicht bloß bereit, sondern aus innerstem heraus willens, dazu beizutragen. Man muß es ihm nur richtig klarmachen, muß ihn anleiten, muß ihn durch Beispiel und gute Einrichtung beeinflussen, dann geht alles gut.

17 Allerdings darf auch die Gegenhaltung nicht vergessen werden. Die gleiche Neuzeit macht nämlich immer wieder Erfahrungen, die mit dieser Ansicht nicht übereinstimmen. Bis zu einem gewissen Maße kann sie diese Erfahrungen verdauen. Es gibt aber auch Menschen, die sich durch solche Gedanken nicht täuschen lassen, und die sehen, daß der Mensch durchaus nicht natürlich, durchaus nicht einfachhin gut ist. Und dann entsteht der neuzeitliche Pessimismus, der sagt: alles ist böse, überall ist Unredlichkeit, Gewalt, Grausamkeit, Gemeinheit. Die Welt ist sinnlos.

18 Diese Ansicht der Welt dreht nur das JA des Optimismus in das NEIN des Pessimismus um, und damit geht sie der eigentlichen Aufgabe aus dem Weg, nämlich der, Gut und Böse zu unterscheiden.

19 Die einfachste Form der Askese ist der Verzicht. Wenn ich weiß, das gehört mir nicht, dann darf ich es nicht nehmen, auch wenn es mir noch so gut gefällt, auch wenn ich es noch so gut brauchen könnte, auch wenn es noch so leicht zu nehmen wäre.

20 Wenn irgendeine Leidenschaft drängt: Rache, Ehrgeiz, Sinnlichkeit. Die sittliche Einsicht aber sagt: es ist nicht recht, ihr nachzugeben, dann soll ich auf die Erfüllung dieser Leidenschaft verzichten, auch wenn noch so starke Triebe die Erfüllung fordern.

21 Ein ähnliches Verhalten findet sich dort, wo eine Leistung vollbracht werden muß. Eine Leistung, die schwer ist, eine Arbeit, die langweilig wird. Auch hier spricht ein Trieb, nämlich jener, der die Mühe scheut und Bequem-

lichkeit will. Aus der sittlichen Einsicht aber kommt die Forderung: es ist deine Pflicht, die Arbeit zu leisten, die Sache zu Ende zu bringen.

22 Askese bedeutet: jenes Element der Härte, das aus dem Gewissen kommt und das Triebleben (auch das der geistigen Triebe) ordnet. Der Trieb versteht das nicht. Der Trieb ist stumm. So bekommt das ganze den Charakter der Überwindung, d.h. eben der Askese.

23 Wenn man genau zusieht, verbindet sich Askese mit jedem ernsthaften menschlichen Tun. Es bildet darin ein formendes Element und tritt meistens gar nicht besonders ins Bewußtsein.

24 Der Mensch hat die Technik geschaffen, um sich gegen die Gefahren der Natur und die Unsicherheiten des Lebens zu schützen ... Lange Zeit hat man die Entwicklung der Technik einfachhin als einen Fortschritt zu beständiger Besserung und Hebung des menschlichen Zustandes empfunden ... Heute erkennt man, daß der neuzeitliche Fortschrittsglaube falsch war. Daß die Technik auf's ganze gesehen ebenso viel gefährdet wie sichert, ebenso viel schädigt wie nutzt, und die Sorge meldet sich, aus alledem könne eine Katastrophe für das menschliche Dasein heraufwachsen.

25 Nehmen wir ein charakteristisches Fortschrittsmoment der Technik. Die Geschwindigkeit der Fortbewegung. Immer schneller wird der Verkehr, immer schneller die Abfolge der Verrichtungen im Beruf, immer schneller das Nacheinander der Eindrücke. Die Zeit schwindet unter

den Händen. So lange man jung ist, verbindet sich die Dynamik der Bewegung mit dem Elan des eigenen Lebens und erscheint als etwas Erregendes und Kraftvolles. Dabei übersieht man aber, daß man das Element der Ruhe verliert.

26 Nehmen wir ein anderes Beispiel: den Lärm. Allmählich merken ja auch nicht nervöse Leute, sagen wir besser: noch nicht nervöse, daß der Lärm sich überall zu einer bösen Gefahr entwickelt ... Hier passiert etwas sehr Schlimmes: die Stille geht verloren und mit ihr alles das, was nur aus ihr heraus verwirklicht werden kann, nämlich daß der Mensch ins Wesentliche kommt.

27 Eine weitere der großen Gefahren der Technik ist das ständige Angegriffenwerden durch Reize. Man sagt immer, der moderne Mensch wolle nicht nur denken, sondern sehen. Sieht er aber wirklich, wenn er in einer Viertelstunde einhundert Bilder anblickt? Dann sieht er in Wahrheit gerade nicht, er erfaßt nichts Sinnhaftes, von innen Gestaltetes. Nicht die Welt, sondern nur Effekte. Eine Masse von Eindrucksfragmenten stürzt auf ihn ein, und das eigentliche, das Innewerden der Welt in ihrer Größe, Herrlichkeit und Tiefe nimmt ab. Alles wird flächig, dünn, zusammenhanglos. Also wieder eine Aufgabe der Askese.

28 Es wäre eine höchst zeitgemäße Form von Askese, wenn jemand z.B. sich vornähme, ich gehe jetzt durch die Stadt, lasse mir aber nicht gefallen, daß all das Sensationsgepeitsche mich hetzt. Ich blicke nur hin, wo ich hinblicken will. Ich laß es nicht in mich ein.

29 Achten wir einmal darauf, welches innere Wertschema zugrunde gelegt wird, wenn man vom Staat spricht. Es ist das Schema der tadellos funktionierenden Maschine. Also wieder ein Ort, wo Askese nötig ist. Als Gegenwehr gegen die Angleichung. Nicht so, daß man opponiert oder das Gegenteil tut von dem, was der andere tut. Ich soll nicht lernen, etwas anderes zu tun als der andere, sondern das richtige. Nicht etwas anderes zu denken als der andere, sondern das wahre. Askese bedeutet also hier die Übung, in Mut zu sich selber zu stehen. Und in der Tatsache, daß alle etwas sagen – nicht ein Zeichen der Wahrheit, sondern eine Mahnung zum Mißtrauen zu sehen.

30 Immer deutlicher kommt es zum Bewußtsein, welche Macht die Entfaltung der Wissenschaft und der Technik dem heutigen Menschen an die Hand gibt. Wo liegt die Gewähr dafür, daß die gewonnene Macht richtig verwendet wird? Im letzten nur im Menschen selbst. In seiner Vernunft, seinem Gewissen, seinem Willen, nicht das Böse, sondern das Gute, nicht die Zerstörung, sondern die Erhaltung, nicht das Chaos, sondern die Ordnung zu wählen.

31 Eine der dringlichsten Aufgaben sittlicher Erziehung geht darauf, dem heutigen Menschen zum Bewußtsein zu bringen, wie sehr das Schicksal aller in der Hand eines jeden liegt, und ihn dahin zu bilden, daß er hier das rechte tue. Das kann er aber nur aus wirklicher Freiheit heraus, sonst erliegt er dem Trieb; dem wirtschaftlichen Trieb, dem Machttrieb. Und diese Freiheit kann nur errungen werden, indem er lernt, sich aus dem Spiel der Instinkte, aus dem Kalkül des Vorteils, aus dem Trieb der Herrschaft zu lösen und in den Raum echter Verantwortung einzutreten. Das heißt aber, indem er Askese übt.

April

1 Der Kreuzweg ist die Schule der Überwindung. Bitterstes Leiden, des Leibes und der Seele, sehen wir den Herrn durchmachen, aber auch durch die Liebe zu Gott und zu uns überwinden. Und wir lernen, mit unserem Schicksal Ähnliches zu vollbringen.

2 Jesus steht vor Gericht. Die ihn anklagen, sind Lügner. Der Richter ist ein charakterloser Mann. Das Verfahren spricht allem Recht Hohn. Von diesem Gericht wird der Herr eines schweren Verbrechens schuldig erklärt. Die Strafe ist schmachvoll und schrecklich zugleich. Wie wehre ich mich gegen ein Unglück, wenn ich meine, ich hätte es nicht verdient. Und weiß doch, wie viel ich bereits verschuldet habe!

3 Das Urteil ist gesprochen. Jesus hat es schweigend angenommen. Nun bringen sie das Kreuz. Der Verurteilte soll es selbst zur Richtstätte tragen. Er läßt sich's nicht stumpf aufladen, sondern greift entschlossen an. Das ist keine unklare Schwärmerei. Was nun kommen wird, steht hart und scharf in allen seinen Schrecken vor Jesu Seele. Er täuscht sich über nichts. Den Auftrag des Vaters sieht er im Kreuz, unser Heil.

4 Von einer Behörde zur anderen haben sie ihn geschleppt. Die Schmerzen und der Blutverlust haben ihn geschwächt. All die Gemeinheit der Menschen hat ihn gequält. Der Herr ist furchtbar müde. Das Kreuz ist zu schwer für ihn; die Last geht über seine Kräfte. Er trägt sie mit zitternden Knien eine Strecke weit, dann strauchelt er an einem Stein, oder im Gedränge stößt jemand wider ihn, und er fällt.

5 An einer Straßenkreuzung wird sie gewartet haben und tritt nun an den Zug heran. Sie sprechen nichts, die Mutter und ihr Sohn. Was sollten sie auch sagen? Sie sind miteinander ganz allein, allein in der Welt, trotz des wüsten Gedränges ringsum. Was da durch ihre Seele geht an Liebe und Leid, was von Auge zu Auge geht, das weiß nur Gott allein.

6 Die Soldaten der Wache sehen, daß seine Kräfte versagen, sie greifen einen Bauern auf, der vom Felde heimkommt, Simon mit Namen; er soll tragen helfen. Der aber will nicht. Er ist müde, ist hungrig, will heim, essen und ruhen. Was soll er sich für den Aufrührer da plagen? Er wehrt sich, sie müssen ihn zwingen. So faßt er an, zornig, empört. Was wird das für eine Hilfe werden? Ganz einsam ist Jesus … Nur der Vater ist bei ihm.

7 Der Herr ist ganz verlassen … Er ist erschöpft von Durst und Schmerz; zum Zusammenbrechen müd an Leib und Seele. Das Kreuz drückt furchtbar. Ein anderer würde ganz verzweifelt dahingehen und hätte für nichts mehr Sinn. Jesus aber keucht unter der Last, und doch so wach und zart ist sein Herz, daß er den armen Dienst der Frau zu empfinden vermag.

8 Alles haben sie ihm genommen: seine Freiheit, seine Freunde, seine Wirksamkeit. Jetzt nehmen sie ihm noch die Ehre seines Leibes. Nackt und bloß wird er der Schande preisgegeben. Alle, die ihn einst als großen Propheten verehrt, als Messias gepriesen haben, Freunde, Fremde, alles Volk sieht ihn in seiner Erniedrigung … Wie in glühenden Flammen schlägt die Schande über ihm zusammen. Aber er steht in Gottes Willen und harrt aus.

9 Was da geschieht, ist so schrecklich, daß man fliehen möchte, um es nicht mitansehen zu müssen. Wie sie ihn annageln und das Kreuz aufrichten ... Aber ich habe kein Recht fortzulaufen, ich muß hier bleiben. Für mich leidet er ... Nun kann er nichts mehr tun, als still hängen und aushalten.

10 Drei Stunden lang duldet Jesus. Am Kreuz stehen seine Mutter und sein liebster Freund. »Sieh, da ist dein Sohn«, sagt er zu ihr. Und »das ist deine Mutter«, zu Johannes. Es ist, als ob er die Liebe dieser beiden Menschen, die ihn umfängt, von sich ablöste. Jesus will allein sein. Er hat unsere Schuld auf sich genommen; allein will er sie der ewigen Gerechtigkeit gegenüber vertreten. Niemand soll ihm beistehen. Ganz allein macht er die furchtbare Sache mit Gott aus.

11 Im ersten Johannesbrief heißt es: »Gott ist die Liebe.« Das Wort könnte auch von Jesus gesagt werden, und schön würde es lauten: Jesus ist die Liebe.

12 Überall drängt Liebe aus Jesus hervor. Überall an Ihm begegnen wir der Liebe. Aber wir wollen sie dort aufsuchen, wo ihre glühende, aufstrahlende Mitte liegt. Liebe ist es, zu den zarten und blühenden Dingen in seines Vaters Schöpfung, wenn Er von den Anemonen des Feldes spricht, und wie sie von Gott gekleidet seien, schöner als Salomon in seiner Pracht.

13 Liebe ist es zu allem Atmenden, Lebendigen, wenn Jesus von den Vögeln des Himmels redet, den leichten, sorglosen, die nicht arbeiten, und der Vater im Himmel nährt sie …

14 Liebe ist es, was Jesus erfaßt, wie er die dunkle, preisgegebene Menge des Volkes sieht, und es Ihn erbarmt, »denn sie waren wie Schafe, die keinen Hirten haben …« Etwas Großmütiges, Starkes ist diese Liebe zum Volk in seiner verlassenen Not.

15 Liebe ist es, wenn Jesus die Kranken aufnimmt; wenn er das Meer des Leidens an sich heranläßt; wenn Er aufrichtet, kräftigt, heilt …

16 Die Liebe, die Jesus getrieben hat, für uns in den Tod zu gehen, war es auch, die ihn trieb, sich uns zur Speise zu schenken. Nicht nur Gaben uns zu geben, Worte, Weisungen, sondern sich selbst … Nicht nur den Geist, nicht nur die Treue, sondern Leib und Seele, Fleisch und Blut und alles. Das ist wohl die letzte Liebe, den andern nähren zu wollen mit dem, was man ist.

17 Die geheimnisvolle Zeit zwischen der Auferstehung des Herrn und seinem Weggang aus der Welt … Jene Zeit, da den Jüngern zu Mute sein mußte, als seien sie in dieser Erdenwirklichkeit, und doch nicht darin …
Ein seltsames Leben führen sie da, verängstigt und doch voll unendlicher Hoffnung. Bald finden sie sich im Saale zusammen; bald am See; bald gehen sie auf der Straße – und immer wieder tritt ihnen die geheimnisvolle Gestalt entgegen, plötzlich, wie aus einer anderen Welt; spricht zu

ihnen, weist sie an, durchwirkt sie mit dem Hauch ihrer Gewalt …

18 Da stand plötzlich Jesus im Saal, trat in die Mitte und bot ihnen den Frieden. »Der Friede sei mit Euch« – nachdenklich macht uns das Wort. Jesus hat ja auch das andere gesprochen: »Ich bin nicht gekommen, den Frieden zu bringen, sondern das Schwert.«

19 Wer an Jesus gerät, dem gibt Er seinen Frieden; »jenen, den die Welt nicht geben kann«. … Aber auch das Schwert ist da. Das Kommen Christi, der Anruf Gottes läßt den Angerufenen nicht einfachhin leben, wie er möchte. Er schreckt auf aus dem ruhigen Erdendasein; macht unruhig; trennt von so manchem, was lockend und schön ist.

20 Die Jünger fürchten sich; sie wissen nicht, ist Er es, oder – wie es ein andermal heißt – »ein Gespenst«.
Seine Nähe erschüttert.
Seine Nähe erfüllt mit Schauer. Was ist es, was so durchschauert?
Ist Er es, oder etwas anderes? Er beruhigt sie. Er zeigt ihnen die Hände und die Seite. Da erkennen sie Ihn und freuen sich.

21 »Thomas, einer von den Zwölfen, der Zwilling genannt, war nicht bei ihnen, da Jesus kam.« Thomas scheint ein Realist gewesen zu sein; zurückhaltend, kühl, vielleicht auch ein wenig hartnäckig … Nach einer Woche sind sie wieder im Hause versammelt, und diesmal ist Thomas dabei. Da wiederholt sich das Ereignis.
Er ruft den Mann, der sich gegen den Glauben sträubt: »Lege

deinen Finger hierher und sieh meine Hände ...« Nun packt es ihn. Die Wirklichkeit kommt über ihn: Dieser da, der erschütternd und das Tiefste erregend vor ihm steht. Er ergibt sich: »Mein Herr und mein Gott!«

22 »Weil du gesehen hast, Thomas, hast du geglaubt. Selig, die nicht sehen und doch glauben!« Thomas glaubt, weil er gesehen hat ... Er hat Beweise gewollt, hat sehen und tasten wollen; vielleicht war das aber im Tiefsten Auflehnung, Selbstherrlichkeit des Geistes, der sich nicht ergeben will.

23 Thomas wurde gegeben, was er gefordert hatte: das Schauen und Tasten. Aber nicht, weil ihm gewährt wurde, was er gefordert, hat er glauben können und ist gerettet worden. Er hat glauben können, weil Gottes Erbarmen ihm das Herz angerührt und ihm die Gnade des inneren Sehens, die Öffnung und Hingabe des Herzens geschenkt hat.

24 Thomas hat nur um ein Haarbreit vor der Verhärtung, vor dem Verlorensein gestanden. Selig ist er wirklich nicht gewesen ... Selig sind vielmehr, die »nicht sehen und doch glauben!« Jene, die nicht Wunder verlangen, Ungewöhnlichkeiten, sondern die Botschaft Gottes vernehmen aus dem Alltäglichen ...

25 Was von Gott kommt, rührt leise an; kommt sachte; läßt Freiheit; fordert auf zur stillen, tiefen, ruhigen Entscheidung des Herzens. Und selig sind jene genannt, die sich bemühen, innerlich offen zu sein. Die ihr Herz zu reinigen suchen von aller Rechthaberei, Selbstüberlegung, Besserwissenwollen ...

26 Der Herr war gestorben und auferstanden zu einem neuen Leben ganz göttlicher Art. Dann kam eine seltsame Zeit. Da war Er noch auf der Erde und schon nicht mehr auf ihr. Bald hier erscheinend, bald dort. Die Schranken des irdischen Daseins waren schon überwunden. Die Schwere hielt ihn nicht mehr. Raum und Widerstand des Stoffes hinderten nicht. Dennoch lebte Er noch auf der Erde.

27 Dann ging der Herr ganz fort, in »den Himmel«. Was ist das: der Himmel? Wenn man ein Kind danach fragt, so deutet es wohl hinauf: »Dort oben.« Und man darf nicht zu rasch lächeln … Wenn man es genauer fragte, so würde es sagen: »Der Himmel ist da, wo der liebe Gott wohnt.« Hat nicht Jesus, als er von seinem Heimgang sprach, gesagt: »Ich verlasse die Welt und gehe zum Vater?«

28 Der Himmel ist da, wo Gott wohnt. Er ist die Nähe Gottes. Aber die aufgeschlossene Nähe … Gott ist den Menschen immer und überall nahe. Aber verschlossen ist seine Nähe und unzugänglich. Er selbst nur könnte sie öffnen. Und wir glauben, daß Er so getan hat. Um Jesus war des Vaters Nähe … Und diese Nähe hat Er uns gebracht. Wir wissen, daß in Jesus der Vater uns liebt. Wir glauben an die Gnade seiner Liebe zu uns … Aber eins fehlt: Wir fühlen Gottes Nähe nicht. Sie ist doch noch zugeschlossen, aber von uns aus. Durch das, was wir selbst sind; durch die Schwere unseres Seins; durch die Trägheit und Stumpfheit unseres Herzens; durch das Böse in uns.

29 Vielleicht darf man sagen: Der Himmel ist unterwegs zu uns, wenn nicht wir selbst ihn fernhalten. Ich glaube, es ist keine Phantasterei, so zu denken: daß unser ganzes Christenleben darin besteht, daß der Himmel auf

uns zu drängt, immerfort ... Jedes christliche Tun, Glauben und Lieben und Opfer und Kampf, alles Ausharren und tapferes Vorgehen – alles läßt Ihn, der herankommen will, näher her.

30 Wann ist der Himmel ganz und wirklich da? Wenn alles Schwere fort ist ... Wenn alle Trägheit überwunden ist; alles Böse, Kalte, Hochmütige, alle Empörung, aller Ungehorsam, alles Begehren ... Wenn alles Erdenwerk vollbracht ist, und alle Schuld gesühnt. Das aber bedeutet: nach dem Tod. Nach dem Tod, wenn die Zeit vorbei ist; wenn alles steht im ewigen Jetzt; wenn keine Veränderung mehr sein kann, sondern, im Ewigen Licht, das Geschöpf ganz klar und mit seinem Wesen zu Gott steht – dann ist alles offen, und es bleibt. Dann ist der Himmel da.

Mai

1 Im ersten Buch der Heiligen Schrift, der Genesis, heißt es: »Und Gott sprach: Lasset uns Menschen machen nach unserem Bilde, uns ähnlich; sie sollen herrschen über des Meeres Fische, über des Himmels Vögel, über das Vieh und alles Wild des Feldes, und über alles Kriechende, das auf der Erde sich regt. Und Gott schuf den Menschen nach Seinem Bilde. Nach dem Bilde Gottes schuf Er ihn. Als Mann und als Weib schuf Er sie.« (1,26–27)

2 Kann ein endliches Wesen Gott ähnlich sein? ... Ein Ding kann die Nachbildung eines anderen sein. Etwa sagt jemand einem Handwerker, er solle ihm einen Tisch machen, geradeso gestaltet wie jener, den er ihm zeigt. Das wäre eine einfache Ähnlichkeit, eine Kopie ... Man kann zum Beispiel auch sagen, ein Kind sei das Abbild seiner Eltern. Dann hat es Eigenschaften, die auch die Eltern haben; bei ihm sind sie aber in seine Persönlichkeit hinein übersetzt ...

3 Wie ist es mit der Ähnlichkeit zu Gott? Gott ist doch absolut; Sein einfachhin; Wesen, Leben, Wahrheit, Seligkeit. Er ist in einer Weise, die alles Denken und Sagen übersteigt. Wie kann da der Mensch, der doch geschaffen und also endlich ist, Bild dieses Ungeheuren sein?

4 Gott sagt, daß in dieser Ebenbildlichkeit das Wesen des Menschen liege. Von einer Nachbildung kann hier nicht gesprochen werden, denn von Gott gibt es keine Kopie. Näher kommen wir schon, wenn wir von dem ausgehen, was wir über das Verhältnis der Eltern zum Kinde gesehen haben. Da ist nicht Kopie, sondern Übersetzung.

5 Wenn wir das Antlitz eines Menschen anschauen, dann sehen wir darin, was in seiner Seele vor sich geht: den Respekt, die Zuneigung, den Haß, die Angst. Für sich kann man die Seele nicht sehen, denn sie ist ja Geist. Sie übersetzt sich aber in den Leib, und darin wird sie sichtbar. Der Menschenleib – Gestalt, Antlitz, Miene, Gebärde – ist die Erscheinung der Seelenwirklichkeit; das heißt aber, daß er, in all seiner Verschiedenheit von ihr, doch der Seele ähnlich ist.

6 Mit der Übersetzung von Seele in Leib sind wir dem Unbegreiflichen nahe, das doch unser Wesen ausmacht; dem wir mit Scheu, aber auch mit Zuversicht nahen sollen: daß Gott, wenn es erlaubt ist, so zu sprechen, die unendliche Fülle und vollkommene Einfachheit seines Wesensbildes in die Endlichkeit und Gebrechlichkeit seines Geschöpfes übersetzt. Das bedeutet aber auch, daß diese Ebenbildlichkeit das ganze Sein des Menschen durchdringt.

7 Augustinus findet im Beginn seiner »Bekenntnisse« den für immer gültigen Ausdruck, wenn er sagt: »Zu Dir hin hast Du uns erschaffen, o Gott.« Gott hat den Menschen in eine Beziehung zu sich gesetzt, ohne die er weder sein noch verstanden werden kann. Er hat einen Sinn; der aber liegt über ihm, in Gott … Der Mensch existiert in der Form einer Beziehung: von Gott her, auf Gott hin.

8 Gott hat den Menschen zu seinem Du gemacht, und Er hat ihm gegeben, seinerseits in Gott sein Du, sein eigentliches Du zu haben. In diesem Ich-Du-Verhältnis besteht sein Wesen. Und nur deswegen, weil Gott ihn in die Beziehung des Ich-Du zu Sich begründet hat, kann der Mensch auch zu anderen Menschen in personale Beziehung treten.

9 Auf dem Berge Horeb (Ex 3) erscheint Gott dem Moses im brennenden Dornbusch. Wie dieser nach Seinem Namen fragt, antwortet Gott: »Ich bin der Ich-bin.« Der Satz ist unausschöpfbar tief. Er sagt: »Ich bin Jener, der in Macht hier ist und handeln wird.« Tiefer: »Ich bin Jener, der keinen Namen von der Welt her annimmt, sondern nur aus Mir selbst genannt werden kann.« Noch einmal tiefer: »Ich bin Jener, der allein von Wesen her fähig und befugt ist, zu sprechen: Ich.«

10 Wenn wir sagen: »er«, dann können wir irgendeinen Menschen meinen; sprechen wir es aber einfachhin, aus der Tiefe des Geistes, dann meinen wir Gott. Wenn wir sagen: »Du«, dann können wir uns damit an einen Menschen wenden; sprechen wir es aber einfachhin, mit unserem ganzen Sein, ins Offene hinaus, dann rufen wir Gott ... Gott ist es, der den Menschen anruft. Und nicht nur so, daß der Mensch schon wäre, und Er richtete nun sein Wort an ihn, damit er irgend etwas erfahre oder tue; sondern indem Gott den Menschen anruft, begründet Er ihn im Sein, und dadurch wird er Person. Der Mensch besteht im Angerufensein durch Gott, und nur so.

11 In der Neuzeit zeigt sich etwas Eigentümliches. Der Mensch – richtiger gesagt, viele Menschen; jene, die geistig Maß und Ton bestimmen – lösen sich von Gott ab. Sie erklären sich für autonom, das heißt für fähig und befugt, sich selbst das Gesetz ihres Lebens zu geben. Das bedeutet folgerichtig auch den Anspruch, sich aus sich selbst heraus verstehen zu können. Diese Haltung geht immer entschiedener darauf zu, den Menschen absolut zu setzen.

12 Es wird auch gesagt, der Mensch sei ein Lebewesen wie alle sonst. Seine Geistigkeit gehe aus dem Biologischen hervor, und diese aus der Materie. Im Letzten sei der Mensch nichts anderes als das Tier, nur höher entwickelt; das Tier aber nichts anderes als das materielle Ding, nur komplizierter gebaut.

13 Der Mensch erlebt die Macht- und Sinnfülle des Erkennens und Schaffens. Er fragt, wie das zu verstehen sei, und antwortet: Mein Geist ist der absolute Geist. Ich bin in meinem Kern mit Gott identisch. Ja, ich bin selbst das, was ich früher in der Schwäche der Unmündigkeit »Gott« genannt habe …

14 Der Mensch sagt aber auch: Es gibt überhaupt keinen Geist. Was man Geist nennt, ist ein Erzeugnis des Gehirns; das Gehirn aber eine höhere Gliederung dessen, was schon der tote Stoff ist.

15 Der Mensch erfährt das Gewaltige seiner Initiative, seiner Anfangskraft: daß er nicht nur eine Umsatzstelle der Wirkungsketten ist, die durch die Welt laufen, sondern fähig, Wirkungsketten in sich selbst beginnen zu lassen. So fragt er, was das bedeute, und antwortet: Freiheit, absolute, schöpferische, welche die Ideen und Normen, ja die Welt selbst hervorbringt …

16 Der Mensch sagt aber auch: Von Freiheit zu reden, ist Unsinn. In Wahrheit gibt es nur Notwendigkeiten. Diese heißen im stofflichen Bereich »Naturgesetz«; im seelischen »Trieb«; im sittlichen »Motiv« – drei Namen für das Gleiche.

17 Der Mensch hat das beglückende Bewußtsein, nicht nur ein Exemplar der Gattung zu sein, sondern als Einmaliger in sich zu stehen, als Er-selbst, Person, ganz auf sich gestellt; ohne Ordnungen, die ihn tragen, noch Normen, die ihn verpflichten; hinausgeworfen ins Irgendwo, zu dem ebenso gewaltigen wie furchtbaren Schicksal, in jedem Augenblick das eigene Tun, ja, eigene Sein bestimmen zu müssen …

18 Der Mensch sagt aber auch: Die Ansicht, der Mensch sei Person, ist eine Täuschung. In Wahrheit ist er nur ein Element im Weltall; ein Ding unter Dingen; eine Zelle im Staat. Für sich selbst hat er keinen Sinn … Er soll im Ganzen aufgehen und einverstanden sein, in es hineingeopfert zu werden.

19 Als der Mensch Gott losließ, wurde er sich selbst unbegreiflich. Seine unzähligen Versuche, sich zu deuten, spielen immer wieder zwischen den beiden Polen: sich absolut zu setzen, oder sich preiszugeben; den höchsten Anspruch auf Würde und Verantwortung zu erheben, oder sich einer Schmach auszuliefern, die um so tiefer ist, als sie gar nicht mehr empfunden wird.

20 Lehnt der Mensch sich gegen Gott auf, denkt er Ihn falsch, dann verliert er das Wissen um sein eigenes Wesen. Das ist das Grundgesetz aller Menschenkenntnis. Die erste Auflehnung dagegen geschah in der Ursünde. Sie wurde am Anfang begangen, und es ist unergründbar, wie das geschehen konnte. Seitdem steht aber die ganze Menschengeschichte unter ihrer Auswirkung.

21 Das ist eine weitere Bestimmung, die der Mensch aus der Offenbarung erfährt: Er hat sich gegen den Bezug zu seinem Umfeld aufgelehnt, ohne ihn doch aufheben zu können. So ist er ein verstörtes Ebenbild. Und diese Verstörung wirkt in alles hinein, wie er sich selbst versteht, was er tut, was er ist.

22 Die Offenbarung und Erlösung vollzog sich auf der schmalen Linie der alttestamentlichen Geschichte und vollendete sich in Christus. Durch sie wurde dem Menschen gesagt, wer er sei, indem ihm gesagt wurde, wer Gott ist. Gotteserkenntnis und Menschenerkenntnis wurden wieder ein Ganzes, und das Ebenbild bekam wieder seinen Sinn.

23 In Christus stieg das Ebenbild zu unbegreiflicher Höhe, denn in Ihm wurde das Menschenbild zum Mittel für die Epiphanie des ewigen Sohnes Gottes in der Welt: »Wer mich sieht, der sieht den Vater.« (Joh 14,9) In Glaube und Taufe aber erhält der Mensch Anteil an diesem Geheimnis. Der neue Mensch wird geboren, der »gestaltet ist nach dem Bild von (Gottes) Sohn« (Röm 8,29).

24 Das ist die letzte Bestimmung, welche die Offenbarung für das Wesen des Menschen gibt. Sie lautet: Christus hat die Schuld auf sich genommen und gesühnt. Er hat das heilige Bild in Ihm selbst sichtbar gemacht, und der Mensch kann durch Glaube, Liebe und Gehorsam wieder heil werden.

25 Im Laufe der Geschichte, die eine Geschichte immer tieferen Verstehens und von dorther bestimmten Lebens hätte sein sollen, kam aber wieder der Abfall. Nicht nur dieser oder jener Einzelne, sondern viele der Einflußreichen und Verantwortlichen lösten sich von der Offenbarung los. Ein ungeheurer Ausbruch künstlerischer, dichterischer und wissenschaftlicher Leistung, staatlicher Gestaltung und wirtschaftlich-technischer Meisterung der Welt ereignete sich. In alledem aber geschah etwas Furchtbares: Ohne zu merken, daß es geschah, ja meinend, jetzt erst dringe er zur wirklichen Wahrheit durch, begann der Mensch wieder zu vergessen, wer er ist.

26 Nehmen Sie die heutige Wissenschaft vom Menschen, wie sie sich in Medizin, Tiefenpsychologie, Soziologie, Historie ausdrückt – finden Sie in dem, was sie sagt, sich selbst wieder? Erleben Sie nicht das Schauspiel, daß der Mensch mit einem gewaltigen Aufwand an Tatsachen und Methoden von sich spricht, und dabei sich selbst entgleitet?

27 Nehmen Sie den modernen Staat, der so riesenhafte Leistungen der Ordnung und Verwaltung vollbringt – haben Sie das Bewußtsein, das Wesen, das da Gesetze gibt und befolgt, regiert und regiert wird, seien Sie selbst? Steht es nicht so, daß da ein Wesen gefaßt, in Ordnungen eingefügt, zu Zwecken gebraucht und mißbraucht, gefördert und zerstört wird; und dieses Wesen wird »Mensch« genannt, ist aber in Wahrheit gar nicht der wirkliche Mensch, sondern ein gespenstisches Ding zwischen Halbgott und Ameise?

28 Es gibt die pathologische Erscheinung der Amnesie ... Da lebt ein Mensch, tut dies und das, hat aber vergessen, wer er ist. Damit fehlt seinem Dasein Mitte und Einheit. Etwas Ähnliches, aber in ungeheuerlichem Ausmaß, ist dem neuzeitlichen Menschen geschehen. Er ist wie Einer, der seinen Namen vergessen hat, denn sein Name ist eingebettet in den Namen Gottes.

29 Es wird sich zeigen, daß durch die Wirrnis der verschiedenen politischen, wirtschaftlichen, kulturellen Gegensätze, welche die Welt erfüllen, zwei große Fronten gehen, auf denen die eigentlichen Dinge entschieden werden: die jenes Menschen, der den Anspruch erhebt, sein Dasein und sein Werk aus ihm selbst heraus zu verstehen, und die des anderen, der seinen Namen immerfort aus dem Namen Gottes und seinen Auftrag aus dem wirklichen Herrn empfängt.

30 Machen jene, welche die Botschaft gehört und angenommen haben, mit ihr auch wirklich ernst? Nietzsche hat den Christen vorgeworfen, sie sprächen zwar von Erlösung, sähen aber nicht so aus, als ob sie wirklich erlöst seien. Sehen denn selbst jene, die es wirklich ernst nehmen, nach Erlöstheit aus? Erscheint in ihnen der »neue Mensch«, der aus dem Glauben und der Liebe hervorgehen soll? Wird das in Christus geheiligte Ebenbild sichtbar?

31 Paulus hat die Frage erfahren, die aus dem Widerspruch zwischen dem Inhalt des Glaubens und der unmittelbaren Wirklichkeit besteht ... Er drückt das durch seine Lehre vom »alten« und »neuen« Menschen aus; vom Menschen des Geistes und vom Menschen des Fleisches. Zwischen beiden geht ein unaufhörlicher Kampf ... So befin-

det sich der Christ in der schweren Situation, das, was er eigentlich ist, gegen das behaupten zu müssen, was er uneigentlich, aber in fühlbarster Intensität ist. Und immer neu muß die Frage im »Trotzdem« des Glaubens, in der »Hoffnung wider die Hoffnung« überwunden werden.

Juni

1 Da ist eine Wahrheit, nein eine Wirklichkeit, auf der jede Ordnung des Daseins ruht. Es ist die Tatsache, daß Gott allein »Gott« ist, der Mensch aber sein Geschöpf und Ebenbild. Daß Gott wirklich »Gott« ist, nicht anonymer Weltgrund, nicht bloße Idee, nicht Geheimnis des Daseins, sondern der durch sich selbst Wirkliche und Lebendige, Herr und Schöpfer – der Mensch aber der Geschaffene und dem höchsten Herrn zum Gehorsam Verpflichtete.

2 Gegen die Grundordnung aller irdischen Verhältnisse und alles irdischen Handelns hat sich schon der erste Mensch empört, als er sich einreden ließ, er wolle »sein wie Gott«, und gegen sie geht die Empörung weiter bis heute, von Großen und Kleinen, Genialen und Schwätzern. Wird aber diese Ordnung verletzt, dann kann noch so viel Macht gewonnen, noch so viel Wohlfahrt gesichert, noch so viel Kultur aufgebaut werden, alles bleibt doch im Chaos.

3 Der Mensch macht gern die eigene Vergeßlichkeit zum Charakter der Geschichte und meint, wenn er Unrecht getan habe, dann gehe das Geschehen ungestört weiter; die beabsichtigten Wirkungen blieben, das Unrecht sei gewesen, zu Nichts geworden … In Wahrheit ist es noch da: im Stoff und Zusammenhang der Geschichte; im Lebensgefüge derer, die es begangen, und derer, die es erlitten haben … Und es wird einmal gesühnt; muß gesühnt werden, unausweichlich. Dafür steht Gott.

4 Die Geschichte ist kein Naturvorgang, der seinen Sinn in sich selber hätte, sondern sie muß Rechenschaft geben. Nicht der öffentlichen Meinung, noch auch der Wissenschaft – wie es auch falsch ist, zu sagen, der Gang der Geschichte sei selbst schon das Gericht; denn wie vieles bleibt

verdeckt, wie vieles vergessen, für wie vieles wird die Verantwortung hingeschoben, wo sie nicht hingehört. Nein, das Gericht wird Gott halten.

5 Das Gewissen erinnert uns, daß die Wahrheit verpflichtet; daß sie etwas Unbedingtes ist, Hoheit hat. Von ihr heißt es nicht: Du magst sie sagen, wenn es dir angenehm ist, oder irgendein Zweck es nahelegt, sondern: Wenn du redest, sollst du die Wahrheit sagen; sie nicht verkürzen, noch verändern.

6 Wahrhaftigkeit bedeutet, daß der Mensch das unwillkürliche Gefühl habe: die Wahrheit soll gesagt werden, einfachhin. Natürlich unter der Voraussetzung, daß der Andere ein Recht darauf habe, unterrichtet zu werden. Wenn nicht, dann ist es Sache der Lebenserfahrung und Klugheit, die richtige Form des Nicht-Sagens zu finden.

7 Wenn eine Gewaltherrschaft das Leben unter Zwang setzt und keine eigene Überzeugung gestattet, ist der Mensch in beständiger Notwehr. Gewalt-Übende haben kein Recht, Wahrheit zu verlangen und wissen auch, daß sie keine erwarten können. Durch die Gewalt verliert die Sprache ihren Sinn. Sie wird beim Vergewaltigten zu einem Mittel des Selbstschutzes – es sei denn, die Situation gestalte sich so, daß sie das Zeugnis fordert, wodurch der Sprechende Gut und Leben wagt. Das zu ermessen, ist Sache des Gewissens – und der in sicherer Freiheit Lebende soll, bevor er hier urteilt, sich wohl prüfen, ob er das Recht dazu habe.

8 Es gibt Menschen, die von Natur wahrhaftig sind: Ein solcher Mensch kommt aber leicht in Gefahr, daß er Dinge in Augenblicken sagt, in die sie nicht hineingehören; daß er andere verletzt oder ihnen schadet ... So muß das Sagen der Wahrheit, damit es seinen vollen menschlichen Wert bekomme, auch von Takt und Güte bestimmt sein.

9 Es gibt Menschen, bei denen das Gefühl für den anderen Menschen sehr stark entwickelt ist. Sie merken unmittelbar, wie es mit ihm steht; empfinden sein Wesen und seinen Zustand; spüren seine Bedürfnisse, Befürchtungen, Bedrängnisse, und sind daher in Gefahr, dem Einfluß dieser Lebenswelt nachzugeben. Dann üben sie nicht nur Rücksicht, sondern passen sich an ... Auch hier ist die Lebendigkeit der Wahrheit in Gefahr, denn zu ihr gehört die Freiheit des Geistes zu sehen, was ist.

10 Die menschlichen Beziehungen sind von sehr verschiedener Tiefe und Bedeutung ... Der Weg geht immer tiefer ins Besondere, Persönlich-Eigene; in den Bereich der Freiheit, wo die Rechnung versagt. So wird die Wahrheit des Wortes immer wichtiger. Das gilt für jede Art der Beziehung – vollends für jene, auf denen das eigentliche Leben ruht: Freundschaft, Werkgemeinschaft, Liebe, Ehe, Familie.

11 Jeder verkehrt auch mit sich selbst. Dabei geht der Mensch gleichsam in zwei Wesen auseinander und tritt dem eigenen Sein gegenüber. Ich betrachte mich, prüfe und beurteile mich; entscheide über mich. Dann geht diese Zweiheit wieder in die Einheit des Selbst zusammen und trägt nun das Ergebnis jenes Gegenüber in sich ... Und wenn ich mir selbst gegenüber nicht wahr bin? Wenn ich mich selbst täusche? Mir etwas vormache? Und tun wir das nicht

immer wieder? Hat der Mensch, der immer »recht hat«, nicht in Wahrheit aufs gefährlichste unrecht? Blickt der Mensch, bei dem immer die anderen schuld sind, nicht beständig an der eigenen Schuld vorbei?

12 Es ist nicht zufällig, daß immer dann, wenn aus dem Staat, dessen Grundlagen Recht und Freiheit sein sollten, die Gewaltherrschaft wird, im gleichen Maß auch die Lüge wächst. Mehr noch: daß die Wahrheit entwertet wird; sie aufhört, Norm zu sein, und an ihre Stelle der Erfolg tritt.

13 Was ist letztlich und eigentlich Wahrheit? Es ist die Weise, wie Gott »Gott« ist und sich weiß; wissend ist, und in seinem Wissen sich selbst trägt. Wahrheit ist die unzerstörbare, unangreifbare Festigkeit, mit der Gott erkennend in sich selbst gründet. Sie tritt von Ihm her in die Welt und gibt ihr Stand. Durchdringt das Seiende und gibt ihm jene Klarheit, die Erkenntnis heißt.

14 Wer zur Wahrheit steht, steht zu Gott. Wer lügt, empört sich gegen Gott und verrät die Sinnwurzel des Daseins. In der Welt ist die Wahrheit schwach. Eine Kleinigkeit genügt, um sie zu verdecken … Aber einmal kommt die Stunde, da ändern sich die Dinge. Da wirkt Gott, daß die Wahrheit so viel Macht bekommt, als sie wahr ist, und das wird das Gericht sein.

15 Gott hat die Welt nicht nur geschaffen, sondern Er hält und trägt sie. Er wird ihrer nicht überdrüssig. Ein indischer Mythos erzählt von Shiwa, dem Allgestalter: Er schaffe in einem Sturm des Entzückens die Welt; dann aber werde er ihrer überdrüssig, trete sie in Scherben und

bringe eine neue hervor. Mit der gehe es ebenso, und Hervorbringen und Zerstören setzten sich immer weiter fort. Das Bild der Ungeduld bringt uns zu Bewußtsein, wie anders der wirkliche Gott zur Welt steht.

16 Die Welt »genügt« für Gott selbst nicht, kann seinem ewigen Anspruch nie genügen. Dennoch wird Er ihrer nicht überdrüssig. Das ist die erste Geduld: daß Gott die Welt nicht wegwirft, sondern sie im Sein hält, sie in Ehren hält; ihr, wenn man so sagen darf, die Treue hält, für immer.

17 Der Mensch soll Gottes Werk fortführen, indem er es versteht, fühlt, liebt. Er soll die erste Welt verwalten und gestalten in Wahrheit und Gerechtigkeit; dadurch soll die zweite werden, nun erst die eigentliche – jene, die Gott meint.

18 Wie geht der Mensch mit Gottes Werk um? Wer irgend reichere Erfahrung gesammelt, dazu genauer in die Geschichte geblickt hat, sich auch durch keinen Fortschrittsaberglauben blind machen läßt, der muß einmal mit Schrecken empfinden, welche Verstörung in der Welt ist. Wieviel Irrtum und Torheit, wieviel Begehrlichkeit, Gewalt und Lüge, wieviel Verbrechen! Und das alles trotz Wissenschaft, Technik, Wohlfahrt – nein, zugleich mit alledem, mit ihm gemischt, eins im anderen und durch das andere.

19 Gott wirft die so vielfach verdorbene Schöpfung nicht weg und schafft an ihrer Stelle eine neue. Welch furchtbare Drohung ahnt man in dem Bericht von der Sintflut, wenn man tiefer in ihn hineinhorcht: dieses Anbran-

den einer Möglichkeit der Weltvernichtung in den Worten: »Es reute den Herrn, Gott, daß Er den Menschen geschaffen hatte auf Erden ...« (Gen 6,6).

20 Die Haltung Gottes zur Welt ist die Geduld, die Geduld einfachhin; nur möglich, weil Er der Allvermögende ist. Weil Er, der keine Schwäche fühlt, der wahre Herr ist, den niemand bedroht; der Ewige, für den es weder Angst noch Eile gibt. Wir erinnern uns an Jesu Gleichnis vom Acker und seiner Saat.

21 Der Mensch ist Gottes Ebenbild. Ihm ist die Welt in die Hand gegeben; die Welt der Dinge, der Menschen und des eigenen Lebens. Er soll daraus machen, was Gott erwartet; auch jetzt noch, nachdem das Unkraut alles durchwuchert hat. Geduld ist die Voraussetzung dafür, daß der Weizen wachsen könne.

22 Kann das Tier ungeduldig sein? Offenbar nicht, weder ungeduldig noch geduldig. Ungeduld wird nur für ein Wesen möglich, das die Fähigkeit hat, sich über das Unmittelbar-Wirkliche zu erheben und zu wollen, was noch nicht ist: für den Menschen. So kommt nur für ihn die Entscheidung, ob er es vermag, dem Werden seine Zeit zu lassen.

23 Die Ereignisse der Geschichte gehen, ohne daß wir an ihnen irgend Wesentliches ändern können, und jeder bekommt ihre Wirkungen zu spüren. Persönlich widerfährt uns, Tag um Tag, was eben herfährt. Wir können uns wehren, können manches nach unserem Willen gestalten – im Grunde müssen wir annehmen, was kommt und

gegeben wird. Das zu verstehen und sich danach zu halten, ist Geduld.

24 Wir müssen Geduld auch haben mit den Menschen, mit denen wir verbunden sind. Es kann sehr schwer werden, mit einem Menschen verbunden zu sein, den man allmählich auswendig kennt; von dem man weiß, wie er redet, wie er denkt, wie er sich zu allem stellt. Man möchte ihn wegtun und einen anderen nehmen. Treue ist hier vor allem Geduld.

25 Geduld müssen wir auch haben mit uns selbst. Wir wissen – in etwa; in der Form eines mehr oder weniger klaren Wunsches –, wie wir sein möchten. Möchten gern diese Eigenschaft los sein, jene haben, und stoßen uns daran, doch zu sein, wie wir eben sind. Es ist schwer, der bleiben zu müssen, der man ist; demütigend, immer die gleichen Fehler, Schwächen, Kümmerlichkeiten fühlen zu müssen.

26 Der Überdruß an sich selbst – wie hat der gerade die größten Geister oft befallen. Hier muß wieder die Geduld einsetzen: sich selbst anzunehmen und auszuhalten. Nicht am eigenen Bilde gutheißen, was nicht gut ist; nicht mit sich selbst zufrieden werden – das wäre die Art des Philisters.

27 Da hat man etwa erkannt: Mir fehlt es an der Selbstbeherrschung. Ich muß mich besser in die Hand bekommen; ruhiger werden im Sprechen; besonnener im Tun. Das ist erkannt und bejaht; doch steht es zunächst erst in der Vorstellung, ist gedacht, geplant. Es muß aber in die Wirklichkeit hinein, und die ist zäh. Man kann sich in eine Tu-

gend auch hineinträumen. Aber die Träume verfliegen, und alles ist wieder wie zuvor.

28 Die Geduld, die immer neu anfängt, ist die Voraussetzung dafür, daß wirklich etwas geschehe. In der »Nachfolge Christi« steht das Wort: »Allzeit fang an!« Zunächst ein Paradox, denn an sich steht der Anfang eben am Anfang, und nachher geht es weiter. Das gilt aber nur im Mechanischen. Im Lebendigen ist das Anfangen ein Element, das immerfort wirksam werden muß. Nichts geht weiter, wenn es nicht zugleich »anfängt«.

29 Keine Geduld ist möglich ohne Einsicht; ohne Wissen um die Weise, wie das Leben geht. Geduld ist Weisheit; Verständnis dafür, was das heißt: Das hab' ich, und nicht anderes; so bin ich, und nicht von anderer Art; der Mensch, mit dem ich verbunden bin, ist so und nicht wie jener Andere.

30 An die Geduld des Mächtigen, in dessen Hut wir wachsen sollen, des Lebendigen Gottes, wollen wir uns immer wieder wenden. Wehe, wenn Er wie Shiwa wäre, der Ungeduldige und Törichte. Wenn Er nicht den langen, weisen Willen hätte, der die Welt, deren Er doch nicht bedarf, aber die Er liebt, in stiller Aufmerksamkeit hält und reifen läßt!

Juli

1 Die ganze Geschichte der Menschheit könnte man unter der Überschrift erzählen: »Der Kampf um die Gerechtigkeit« …
In der Bergpredigt, den Seligpreisungen, steht ein Wort Jesu, das die Größe, aber auch die ganze Tragik dessen ausspricht, worum es da geht. Es lautet: »Selig sind, die hungern und dürsten nach der Gerechtigkeit, denn sie werden gesättigt werden.« (Mt 5,6)

2 Jesus hat die Gerechtigkeit mit jenem Trieb verbunden, bei dem es um Sein und Nicht-Sein des körperlichen Lebens geht, dem Hunger und dem Durst. So elementar ist im Herzen des Menschen – des rechten Menschen; jenes, den Jesus »selig« nennt – das Verlangen nach der Gerechtigkeit, wie das Hungern und Dürsten in seinem leiblichen Leben. Wie furchtbar also die Entbehrung, wenn es keine Erfüllung findet.

3 Jesus meint mit dem Wort »Gerechtigkeit« etwas, das seinen vollen Sinn erst aus der Offenbarung empfängt: das Gerechtsein vor Gott, die Gnade der Vergebung und Heiligung. Um aber nahezubringen, was das ist, verbindet Er den Gedanken des Heils in Gottes Gnade mit dem der Gerechtigkeit als des Grundwertes alles sittlichen Daseins, und jenem des Hungers und Durstes nach leiblicher Sättigung. So ruft Er den Eindruck von etwas Elementarem wach, das den ganzen Menschen angeht.

4 Das Leblose in der Natur besteht als Ding; als ein Fühllos-Seiendes, das nach Form, Eigenschaft und Energie durch Naturgesetz bestimmt wird. Das Lebendige besteht als Individuum; als ein Wesen, das lebt, sich aus innerer Mitte aufbaut, behauptet, entfaltet, fortpflanzt und stirbt –

auch es aber durch innere und äußere Notwendigkeiten festgelegt. Der Mensch hingegen besteht als Person.

5 Gerechtigkeit ist also jene Ordnung, in welcher der Mensch als Person bestehen kann. In der er sein Urteil über sich selbst und die Welt bilden kann; eine Überzeugung haben, die niemand ihm antasten darf; Herr seines Entschlusses sein und nach eigenem Ermessen handeln ... Und zwar nicht nur der Mächtige und Glückliche und Begabte, sondern jeder Mensch – weil er Mensch ist.

6 Tiefer ginge die Gerechtigkeit, wenn sie auch das Schicksal bestimmte. Wenn also der Mensch, der gut ist, eben damit auch glücklich würde; dem Recht-Gesinnten sein Werk geriete; der Herzensreine immer schön wäre; dem Guten das Leben sich groß und reich erfüllte – ebenso wie umgekehrt niedrige Gesinnung ihren Eigner häßlich machen, Unrecht auch Unglück bringen, jede Schuld sich an dem, der sie beginge, rächen würde – und nur an ihm, nie an einem Unschuldigen.

7 Da ist noch etwas, das wir die Gerechtigkeit des Seins nennen müßten. Die ist so unwahrscheinlich, daß man sich fast scheut, von ihr zu sprechen. Was sie meint, ahnen wir, wenn wir auf die Klage des Menschenherzens darüber hören, daß es sie nicht gebe: Warum bin ich nicht gesund und kräftig, sondern krank geboren worden? Warum muß ich diese Eigenschaften haben und nicht jene?

8 In allen Menschensprachen tauchen Fragen auf, die keine Weisheit beantworten kann; das sind jene, in denen das Wort »warum« vorkommt und das Wort »ich«: Warum ich so? Warum ich so nicht?
Damit rühren wir aber an das Grundgeheimnis des endlichen Seins. Die Antwort auf jene Fragen gibt nur Gott selbst; seine Antwort, welche die Frage nicht nur gedanklich löst, sondern in lebendiger Begegnung aufhebt.

9 Erst von Gott her wird wirkliche und volle Gerechtigkeit werden, durch das Gericht. Wir sollten uns die Offenbarung, daß dieses Gericht über alles Menschliche ergehen wird, sehr nahekommen lassen. Das Erste, was jeder denken soll, wenn er ans Gericht denkt, lautet: Es wird Gericht sein über mich! Dann aber auch über alle jene Formen und Größen des Menschlichen, vor denen wir so leicht das Gefühl bekommen, sie seien souveräne, keiner Prüfung unterworfene Mächte: den Staat, die Kultur, die Geschichte.

10 Ehrfurcht … Ein seltsames Wort, diese Zusammenfügung von »Furcht« und »Ehre«! Furcht, die Ehre erweist; Ehrung, die von Furcht durchweht ist – was für eine Furcht könnte das sein? Offenbar keine von der Art, wie sie einen vor etwas überkommt, das Schaden anrichtet oder Schmerzen verursacht.

11 Der Ursprung des Ehrfurchtsgefühls ist religiöser Natur. Es ist die Empfindung des Heilig-Unnahbaren, das für die frühe Daseinserfahrung alles Hohe, Mächtige, Herrliche umgab. Darin ging Verschiedenes zusammen: Ahnung von Heilig-Großem und Verlangen, an ihm teil zu haben – verbunden mit der Sorge, seiner unwürdig zu sein und geheimnisvollen Zorn zu erregen …

12 In der Ehrfurcht verzichtet der Mensch auf das, was er sonst gern tut, nämlich in Besitz zu nehmen und für die eigenen Zwecke zu gebrauchen. Statt dessen tritt er zurück, hält Abstand.

13 Was Ehrfurcht verlangt, sind vor allem Eigenschaften der Person: ihre Würde, ihre Freiheit, ihr Adel. Aber auch solche des Menschenwerkes, in dem sich Hoheit und Zartheit offenbart. Und endlich Gebilde der Natur, in denen sich Erhabenes oder Geheimnisvolles ausdrückt.

14 Die Ehrfurcht kann auch eine alltägliche Form annehmen ... Dann heißt sie Achtung. Achtung ist das Elementarste, das fühlbar werden muß, damit Menschen als Menschen miteinander verkehren können. Es braucht sich dabei noch nicht um besondere Werte zu handeln – Begabungen, Leistungen, sittlichen Hochstand, oder was immer –, sondern einfach um die Tatsache, daß der Andere Mensch ist, Freiheit und Verantwortung hat.

15 Der Grundakt der Ehrfurcht ist die Anbetung Gottes. In ihr drückt sich die Wahrheit des Menschen am vollkommensten aus, besonders, wenn auch der Körper sie vollzieht und sich neigt. Es muß nachdenklich machen, daß sie im religiösen Leben so wenig hervortritt. Meistens rührt sich da nur Bitte, oder Dank, seltener schon das Lob – die Anbetung tritt kaum einmal hervor.

16 Übt Gott selbst Ehrfurcht? Diese »Ehrfurcht« zeigt sich darin, daß Gott den Menschen als freies Wesen geschaffen hat. Man begegnet nicht selten einer Art von Demut, die, um Gott zu ehren, den Menschen herabsetzt. Das

ist nicht christlich – es ist im Grunde das Gegenspiel zur Vergötzung des Menschen, und gegenspielende Haltungen neigen ja dazu, in einander umzuschlagen.

17 Das Geschehnis, das alle Geschichte beendet und für die Ewigkeit bestimmt: das Gericht. Wenn darüber gesprochen wird, ist es meistens eine Botschaft des Schreckens. In Wahrheit ist das Gericht ein Zeugnis der Ehre für den Menschen, denn es stellt diesen unter den Maßstab der Verantwortung. Nur ein freiverantwortliches Wesen kann gerichtet werden.

18 Die Offenbarung sagt uns, daß Er, der Dreieinige, in sich selbst unendliche Gemeinschaft, alle Begriffe übersteigende Fruchtbarkeit hat. Daß Er Vater ist, und Sohn, und Heiliger Geist; Sprechender, und Gesprochener, und in unendlicher Liebe Verstehend-Verstandener. Geheimnis, gewiß; undurchdringbar unserem Geiste – so viel aber doch uns kundtuend, daß Er in nichts des Endlichen bedarf, nicht um Bewußtsein zu gewinnen, noch um Liebe zu haben.

19 Doch Gott will, daß Endlichkeit sei, freie Endlichkeit – offenbart sich hierin nicht ein Geheimnis göttlicher Ehrfurcht? Daß die absolute Macht des göttlichen Seinsaktes das Endlich-Seiende nicht zermalmt; die glühende Majestät des göttlichen Ich – nein, »Wir«, siehe Joh 14,23 – das Endliche nicht verbrennt; im Gegenteil, es will, in währendem Anruf es schafft und in seiner Wirklichkeit hält …

20 Man kann die Treue als eine Kraft beschreiben, welche die Zeit, das heißt, Wandel und Vergehen, überwindet – aber nicht, wie die Härte des Steins, in starrer Festgelegtheit, sondern lebendig wachsend und schaffend.

21 Wenn zwei Menschen zusammentreten, dann kommt jeder mit einer bestimmten Veranlagung. Nun heißt aber »leben«, daß der Mensch wächst und darin sich verändert. Manche Eigenschaften treten hervor, wenn er Kind ist, manche, wenn er reift, manche erst in späten Jahren. Da kann es sein, daß der Eine dem Anderen eines Tages erschüttert sagt: Ich kenne dich ja gar nicht mehr! So warst du doch nicht, als ich dich lieb gewann!

22 Zeit für die Treue ist es, daß sie die Veränderung überwinde und dauere. Und das nicht in Starrheit und Zwang, sondern so, daß der Eine den Anderen immer neu empfängt und sich neu zu ihm fügt. Das alles kann schwer, unter Umständen sehr schwer werden; das enttäuschte Gefühl kann sich dagegen auflehnen. In dem Maße aber, als diese Treue geübt wird, wächst sie an Tiefe und schafft, was in Wahrheit Ehe ausmacht.

23 Einer hat bestimmte Verpflichtungen übernommen. Er hat die Sache gut bedacht, für richtig erkannt, und der Andere verläßt sich darauf. Nun verändern sich aber die Umstände, und es drohen Verluste. Treue bedeutet, daß er zu seinem Wort stehe und den Schaden auf sich nehme, den er ja, im umgekehrten Fall, auch dem Anderen zumuten würde …

24 Was ist das eigentlich, was man »Überzeugung« nennt? Zunächst einmal Einsicht: man hat eingesehen, das ist so und so, und dann steht das eben fest; bedarf auch an sich keiner weiteren Stützung, etwa daß es mit Zeitmeinungen übereinstimme, oder Nutzen bringe, oder was immer. Überall da aber, wo Menschen im Spiel sind, genügen bloße Verstandesgründe nicht, die Stellungnahme muß von einer Selbstverpflichtung getragen sein.

25 Wie geht das zu, wenn ein Mensch sich in mündiger Entscheidung zum Glauben entschließt? Zunächst wirkt da alles mit, was er von den Eltern, von der Atmosphäre des Hauses, von Lehrern, vom Leben der Kirche und was immer sonst in sich aufgenommen hat. Auch hat er selbst religiöse Erfahrungen gemacht. Diese erste Gläubigkeit ist schön, großmütig und vom Bewußtsein tiefen Sinnes erfüllt.

26 Mit der Zeit können sich die Gefühle auch verändern, oder ganz verschwinden. Etwa verfliegt die Empfindung der Nähe Gottes, und um den Glaubenden her wird es religiös leer. Oder er muß erleben, was der religiösen Welt alles an Menschlichkeit anhaftet. Oder Ereignisse treten ein, die er mit dem Gedanken der Vorsehung nicht in Einklang bringen kann. Oder die Anschauungen der Zeit entfernen sich vom Glauben, so daß dieser als etwas Überholtes erscheint. Da kann sich ihm die Frage aufdrängen, ob er sich nicht getäuscht habe. Ganz töricht kann man sich in solchen Augenblicken mit seinem Glauben vorkommen – dann ist Zeit für die Treue.

27 Das Wort »Glauben« bedeutet »geloben«, die Treue geloben – Gott verläßt sich auf dieses Gelöbnis; also stehe ich zu Ihm.

28 So bekommt der Glaube eine neue Bedeutung: er ist jene Tat, in welcher der Mensch die Zeit von Gottes Ferne und Schweigen überdauert. Wenn Er Seine Nähe fühlen läßt, Sein Wort lebendig wird, dann ist es nicht schwer, Seiner Wirklichkeit gewiß zu sein; dann ist es Glück. Wenn Er sich aber verbirgt, nichts fühlbar ist, das heilige Wort nicht redet, dann wird es schwer. Dann wird es aber Zeit für den wirklichen Glauben.

29 Als Gott die Welt schuf, hat Er sie wahrlich groß geschaffen – die wissenschaftlichen Erkenntnisse der letzten Jahrzehnte haben es uns ja wieder überwältigend zu Bewußtsein gebracht. Größe im Großen – und, wenn man so sagen kann, auch Größe im Kleinen. Er hat seine Ehre in sie gelegt. Er hat ihr – man darf wohl wirklich so sagen – seine Treue gegeben, als Er sprach, sie sei »gut«.

30 Die Heilige Schrift spricht uns davon, wie Gott, um Erlösung zu schaffen, ein Volk beruft; wie Er mit diesem einen Bund schließt, der ganz auf Seiner ewigen Treue ruht, und wie aus ihr – die sich immer wieder gegen die Untreue des Menschen »bewährt« – die Geschichte des Alten Testamentes erwächst.

31 Schließlich vollbringt Gottes Treue das Unfaßliche, selbst die Verantwortung für die Schuld des Menschen auf sich zu nehmen, durch die Menschwerdung in die Geschichte einzutreten und aus ihr Schicksal zu empfangen. Das Leben Jesu ist eine einzige Treue.

August

1 Gott hat mich mir selbst gegeben. Aus seiner Hand soll ich mein Dasein annehmen, es leben und bestehen. Das ist der Grund-Mut – und wie ist er heute nötig, da so viel vom Nichts, von Zerstörung, Angst, Ekel und dunklen Dingen aller Art geredet wird.

2 Das ist die natürliche Grundlage für die Botschaft Christi von der Vorsehung, in der jeder Mensch steht: daß die Zukunft in all ihrer Unbekanntheit doch nicht fremd, gar feindlich, sondern von Gott ihm zugedacht; daß das Dasein in all seiner Unübersehbarkeit doch kein Chaos ist, sondern durch Gottes Hand ihm zugeordnet.

3 Das Leben des Einzelnen läuft in der Geschichte nicht wie in einem neutralen Strombett, sondern es bildet einen Teil davon.
Auch hier ist Mut nötig; der Mut, der es mit der Zukunft wagt, im Vertrauen, daß Gottes Führung sich darin auswirkt. Dieser Mut nimmt das Kommende an, sieht in ihm die eigene Aufgabe und stellt sich hinein.

4 Dem Leben stand halten, wie es kommt: einmal, weil man die Gefahr besser überwindet, wenn man ihr entgegengeht, als wenn man sich von ihr einschüchtern läßt; den Schmerz leichter bewältigt, wenn man ihn frei trägt, als wenn man sich in ihm verkrampft.

5 Der Mut, der das Leben annimmt und ihm von Mal zu Mal tapfer begegnet, ist überzeugt, daß im eigenen Innern etwas ist, das nicht zerstört werden kann, vielmehr aus allem Nahrung zieht, das durch alles stärker, reicher, tiefer

wird, wenn es richtig durchgelebt wird – deshalb, weil es aus Gottes Schöpfermacht kommt.

6 Wenn ich in guter Stunde still, gesammelt in mein Inneres dringe, immer tiefer, bis dorthin, wo ich gleichsam nach Innen hin an das Nichts grenze – da ist Gottes Macht und hält mich im Sein. Daß sie mich hält, ist unzerstörbar, auch wenn es durch Gefahren, ja durch den Tod geht.

7 Kann man bei Gott von Mut reden? Wir können es, wenn wir davon alles wegtun, was nurmenschlich ist; was, auf ihn übertragen, seine heilige Souveränität antasten würde.
Wo war also, in diesem höchsten Sinne, Gott »mutig«? Er war es, als Er den Menschen schuf. Als – das Wort in all die Anführungszeichen gesetzt, die zu jeder Aussage gehören, welche Ihn zur Zeit in Beziehung bringt – Gott »sich entschloß«, Wesen zu schaffen, die Freiheit haben, und ihnen so seine Welt in die Hand zu geben.

8 Als die Menschen Gott den Gehorsam aufsagten, geschah Gottes zweites »Wagnis«, so unfaßlich groß, daß es immer wieder der ganzen Kraft vertrauenden Glaubens bedarf, um daran nicht irre zu werden: Er trat selbst in die Verantwortung für die Schuld der Menschen, wurde Mensch und nahm in unserer verwirrten Geschichte Schicksal an.

9 Wir Menschen leben die Welt nicht, wie sie ist, sondern wählen aus ihr aus, was uns zusagt: Jesus hat angenommen, was der Gang der Dinge über ihn brachte, denn so war der Wille des Vaters. Wir wissen uns anzupassen, auszuweichen, Vorteile zu suchen.

Er hat in Wahrheit den Zustand der Welt gelebt, durchgestanden. An der Stunde von Gethsemane ahnen wir, was das bedeutete. Wenn man sich in das alles hineindenkt, mag es einem wohl schaudern vor dem, was das heißt: Gottes Mut in Christus. …

10 Sein Leben hat Christus nicht gewagt, um etwas zu vollbringen, das irdisch groß wäre, strahlendes Heldentum, gewaltiges Kulturwerk, sondern es war »Erlösung«, ist um unseretwillen geschehen. Es ist geschehen, damit wir den Mut gewinnen, »Christen« zu sein in der Welt, in der Er »Christus« war.

11 Daß die »Welt« überhaupt ist, ist eine beständige Wirkung von Gottes Güte. Sie wäre nicht, wenn Er nicht wollte. Er bedarf ihrer nicht für sich selbst – worin sollte der unendliche Gott der Welt bedürfen, die vor Ihm doch verschwindet? Wenn Er sie schafft, und sie im Sein hält, dann deshalb, weil Er ihr gut ist.

12 Sieht denn die Welt danach aus, als ob Gott ihr gut wäre? Stellt das menschliche Dasein sich als ein Werk göttlicher Güte dar? Wer ehrlich ist, wird zunächst antworten: Ganz gewiß nicht! Immerfort erhebt sich doch die Frage des Menschen an Gott: Warum das alles, wenn Du gut bist? Die Frage ist verständlich, wo sie aus bedrängtem Herzen kommt; an sich aber ist sie töricht, denn woher kommt all das Furchtbare, das dem Menschen sein Dasein bitter macht? Er hat es ja selbst verursacht.

13 Wenn der Vorwurf erhoben wird, wie Gott gut sein, ja wie es überhaupt einen Gott geben könne, wenn alles sei, wie es ist, dann fragt, der es tut, in der Regel mit keinem Gedanken, woher denn all das Schlimme komme. Es war aber doch so, daß Gott dem Menschen Seine Welt in die Hände gegeben hat, damit er, im Einvernehmen mit dem Schöpfer, jenes Dasein aufbaue, das die Genesis uns unter dem Bilde des Paradieses zeigt. Der Mensch aber hat ja nicht gewollt! Er hat nicht das Reich Gottes, sondern sein eigenes Reich bauen wollen.

14 Es ist doch so, daß jeder von uns das Leben wieder um ein Stück schlimmer macht. Jedes böse Wort, das wir sprechen, vergiftet die Luft. Jede Lüge, jede Gewalttätigkeit geht in das Dasein ein und bringt es tiefer in Verwirrung. Wir Menschen haben selbst das Leben zu dem gemacht, was es ist; so ist es doch unehrlich, wenn wir uns dann hinstellen und sagen, Gott könne nicht gut sein, wenn alles so gehe.

15 Gott erkennt jedes Wesen von dessen Innerstem her. Und nicht, weil Er so tief hineinschaute und so genau prüfte, sondern weil Er es erdacht und verwirklicht hat. Und denken wir das Schaffen ja richtig. Es meint nicht: Zu machen, in Zwecke einzuspannen, sondern mit müheloser Allmacht ins Sein zu rufen und freizugeben. Gottes Schaffen ist derart meisterlich und großmütig frei, daß Er den Menschen nicht nur in wirkliches Sein gebracht, sondern ihn in echte Freiheit gestellt hat.

16 Daß ich bin, und bin, was ich bin, atmen kann und fühlen und arbeiten – alles das ist in keiner Weise selbstverständlich, sondern anbetender Verwunderung wert. Das zu wissen, gehört zum Grundbewußtsein des

Menschen. Immerfort sich aus der Hand Gottes zu empfangen, und also auch dafür zu danken, gehört zur Wesenshaltung des Menschen.

17 Wie ist denn das mit Gott selbst? Dankt Gott? Zunächst erwidern wir: Was soll das heißen? Alles gehört ja doch Ihm! Aber wenn wir wissen wollen, wie Gott gesinnt ist, dann dürfen wir uns nicht hinsetzen und darüber nachdenken, wie »das absolute Wesen« zu sein habe, sondern müssen Ihn selbst fragen, und es gibt ja eine »Stelle«, wo sein Herz offenbar wird: das ist Christus.

18 Auch Gott gegenüber gibt es die Selbstsucht und die Selbstlosigkeit. Jesus hat gesagt: »Nicht, wie ich will, sondern wie Du.« (Mt 26,40) Wie scharf scheidet das Wort zwischen dem Willen, der sich, und jenem, der den Vater sucht. Im Maße der Mensch Ihn sucht, geht er von sich weg, zum göttlichen Du; aber nicht so, daß er sich darin abhanden käme, sondern sich in seiner Eigentlichkeit in Ihm findet.

19 Immer wenn der Mensch Gott gegenüber »seine Seele festhält«, ist es ein Verlieren; wenn er sie Ihm aber gibt, ein Finden. Er gibt sie in jedem Gehorsam gegen den heiligen Willen – und im selben Augenblick gibt Gott sie ihm wieder, und sie ist mehr sie selbst geworden, als sie es vorher war.

20 Die Mystiker reden von der »Geburt Gottes im Menschen« – ein Geheimniswort, über dessen letzten Sinn wir hier nicht sprechen wollen – eins aber verstehen wir davon ohne weiteres: Gott will in den Menschen eingehen, will in ihm Raum finden und menschliche Gestalt gewinnen

– hier in diesem Menschen, welcher der Art nach Einer unter Unzähligen, der Person nach ein Einziger, eben er ist.

21 In besonderer Weise will Gott sich im Menschen ausdrücken; in jedem Einzelnen nach dessen besonderer Art. Das ist der innerste Kern dessen, was wir »Persönlichkeit« nennen; ein Vorleuchten – wenn es erlaubt ist, so großen Vergleich zu ziehen – von des ewigen Sohnes Menschwerdung.

22 Die eigentliche, wesenhafte Menschwerdung ist in Christus geschehen; in einer sie abbildenden Gnade aber will Gott in jeden Menschen eingehen und sich in ihm ausdrücken; und in jedem so, wie es nur in diesem möglich ist. Jeder Glaubende soll ein Ausdruck von Gott werden.

23 Jeder Heilige spiegelt nach seiner besonderen Weise die Menschwerdung Gottes in Christus. Indem er nicht mehr sich will, bekommt Gott Raum in ihm und macht ihn zu dem, was er eigentlich sein soll – so wie Gottes wesenhafte Menschwerdung in Christus offenbar gemacht hat, was der Mensch überhaupt, »der Menschensohn«, ist.

24 Was bildet den Kern aller Frömmigkeit? Das Bewußtsein von Gottes Wirklichkeit; daß Er »ist«, lebendig hier ist, wirkt, waltet, regiert; daß eigentlich Gott allein ursprünglich und aus sich selbst wirklich ist, alles Endliche aber nur »durch Ihn« und »vor Ihm«; daß Er allein souverän, schöpferisch wirkt und waltet, wir aber nur in Ihm wirken können.

25 Wenn ich mit einem Menschen rede, suche ich mit meinen Augen die seinen, nehme Fühlung mit seiner Miene, so daß ich weiß, mein Wort geht in das Antlitz da; durch es in das, was sich darin ausdrückt: den Geist, der denkt; das Herz, das gesinnt ist; die Person, die da existiert. Für das Anreden Gottes steht in den Psalmen der Ausdruck: »das Antlitz Gottes suchen«, ins Angesicht Gottes hineinsprechen.

26 Wie redet Gott in uns? Und wie gibt Er uns sein Wort zu verstehen und mit dem unsrigen zu antworten? Sein Sprechen und unser Hören und Antworten nennen wir »Gewissen«. Mit dem hat es eine wunderbare Bewandtnis. Immerfort sind wir durch den Anruf berührt, den »das Gute« an uns richtet, das Rechte, das, was würdig ist, zu sein, und sein soll. Dieses Gute ist allumfassend und ganz einfach zugleich.

27 »Das Gute« ist im Letzten Gott, seine Heiligkeit; und die Forderung, das Gute in die Welt hinein zu verwirklichen, ist Seine Stimme. Von mir aber verlangt Er, daß ich das Reich des Guten, Sein Reich, in der Welt verwirkliche, da, wo ich stehe, von Stunde zu Stunde, aus der Situation heraus, die ja immerfort durch Ihn, sein Walten und Führen, durch seine Vorsehung um mich her entsteht.

28 Nur ein gesammelter Mensch versteht die »Stunde«; ob sie nun einen großen Sinn hat – der größte war jener, von dem das Neue Testament mit den Worten spricht: »die Zeit ist erfüllt« (Mk 1,15) – oder einen schlichteren, daß etwa eine Entscheidung, von der viel abhängt, richtig gefällt wird; bis zu dem Alltäglichsten, der meint, daß jede Stunde im Leben ihre Bedeutung für das Reich Gottes hat …

29 Das Leben des Menschen vollzieht sich in einem beständigen Gespräch. Durch alles, was ihm geschieht – ebenso auch durch die Regung seines eigenen Lebens, redet Gott zu ihm. Die gläubige Haltung kann man geradezu so ausdrücken, daß er lernt, dieses Gespräch zu führen. Daß er alles, was an ihn kommt, und was er tut, in dieses Gespräch hineinträgt; es von Gott her versteht und auf Gott hin verwirklicht.

30 Gottes Angesicht suchen. Verwirklichen, was die Grundwahrheit meines Daseins ist: Gott ist der Ewig-Seiende, der allein aus sich Lebendige. Er ist hier. Er ist »Der, der da ist«. Ich aber bin durch Ihn; bin hier vor Ihm; bin ich selbst nur, weil Er mich will …

31 Dieses »Er und ich ... ich vor Ihm ... ich durch Ihn«; dieses Lauschen auf sein Wort; dieses Suchen und Sprechen: »Du, Gott« – das macht das Innere lebendig und fest. Eine solche Innerlichkeit ist das Gegengewicht gegen die Masse der Dinge, die Menge der Menschen und das Getriebe des äußeren Geschehens; gegen Öffentlichkeit, Mode und Reklame …

September

1 Der Mensch bedarf des Gebetes, um seelisch gesund zu bleiben. Doch nur aus lebendigem Glauben heraus kann er beten. Wiederum aber bleibt sein Glaube nur lebendig, wenn er betet. Denn das Gebet ist keine Tätigkeit, die man üben oder lassen kann, ohne daß der Glaube dadurch berührt würde, sondern dessen elementarste Äußerung: der Umgang mit dem Gott, auf welchen der Glaube sich richtet.

2 Sobald der Mensch den heiligen Dienst des Gebetes anerkennt und vollzieht, fühlt er die Wahrheit und ihm wird wohl; trotzdem geht er dem Beten aus dem Wege, wo er kann. Das hat mancherlei Gründe; vor allem aber wohl den, daß man Gott nicht wahrnimmt, genauer gesagt, nicht in der Weise wahrnimmt, wie Dinge und Menschen.

3 Gott ist da, wirklicher als jedes Ding, aber offen und verborgen zugleich. Was Ihn sieht, ist das Auge des Glaubens; was Ihn erfährt, ist das Herz, welches liebt. Dieses Auge ist aber oft verschleiert, das Herz ist oft stumpf, so hat man von Gott weder Erfahrung noch Ahnung.

4 Ein großes Geheimnis, daß der Mensch aus Gott lebt und doch solche Mühe hat, mit ihm in Beziehung zu treten. Wenn aber der Mensch seinem bloßen Gefühl folgt, wird er bald gar kein Bedürfnis nach dem Gebet mehr haben … Die angebliche Wahrhaftigkeit, welche tut, was »das Innere« will, bedeutet oft ein Ausweichen vor der Wahrheit. So müssen wir auch im Gebet das Rechte zu erkennen suchen und es in Treue und Selbstüberwindung tun.

5 Mit der Sammlung muß das Gebet beginnen. Sie ist nicht leicht. Wie wenig wir sie besitzen, merken wir erst, wenn wir uns um sie bemühen. Sobald wir versuchen, ruhig zu werden, kommt die Unruhe erst richtig über uns ... Gerade wenn wir anwesend werden wollen, merken wir, wie heftig es uns nach allen Seiten wegholt. Sobald wir einheitlich und unser selbst mächtig werden wollen, erleben wir erst richtig, was Zerstreuung heißt ... Das alles ist aber nicht zu ändern, und wir müssen es durchstehen, sonst lernen wir das Beten nie.

6 Wer ist nun dieser Gott, auf den sich der gesammelte Mensch richtet – deshalb richten kann, weil Er selbst ihm die Möglichkeit dazu gibt? Nicht nur das überall webende Unaussprechbare, das Geheimnis des Daseins, die Ursprungstiefe der Welt oder wie sonst man jenes Unbestimmte ausdrücken mag, von dem so oft geredet wird. Das gibt es auch, und es gehört Gott. Gott selbst ist mehr. Nicht nur bloßer Sinn, oder einfache Idee, sondern Wirklichkeit. Nicht nur Tiefe, oder Innenseite, oder Mitte, oder Höhe der Welt, sondern ein Wesen in sich selbst. Keine bloße Mächtigkeit, sondern »Er«. Anfang und Ende aller Offenbarung besteht in der Bezeugung, daß Gott Er-selbst ist.

7 Wenn ein Mensch aus seinem unmittelbaren Gefühl heraus »er« sagte – oder »sie« –, würde er wahrscheinlich jenen anderen Menschen meinen, der ihm der teuerste und engstverbundene wäre. Sobald er aber das Wort einfachhin spräche, aus der Mitte seines Menschseins heraus, wäre Gott gemeint, auch wenn er nicht besonders an Ihn dächte. Und wenn ein Mensch aus jenem Tiefsten her in die Weite des Daseins das Wort »Du« hinausriefe, wäre Gott gerufen.

8 Die Offenbarung sagt vieles über Gott. Unter ihren Aussagen aber ist eine, welche alle übrigen bestimmt, nämlich die, daß Er der Heilige ist. Gottes Heiligkeit ist jenes Erste und Wesenhafte, worin Er Er-selbst ist: anders als alles, was wir erfahren können; sein Wesenston, an dem Er erkannt wird. Wie ein Mensch verschiedene Eigenschaften hat, die man beschreiben und benennen kann, in ihnen aber und hinter ihnen ein Letztes liegt, das sich in allem übrigen ausdrückt; ein Wesenhaftes, das der, der ihn liebt, im Gefühl hat und woran er ihn erkennt – so ist die Heiligkeit Gottes Eigenstes.

9 Sobald der Mensch in Gottes Nähe kommt, gerät er an diese Heiligkeit, wird ihrer in irgendeiner Weise inne und antwortet auf sie in verschiedener Art.
Er wird inne, daß er selbst nicht-heilig ist, weltlich, irdisch, ja noch mehr, befleckt und schuldig. Er merkt, daß er nicht zu Gott hingehört und fühlt den Antrieb, sich selbst aus der Nähe Gottes wegzunehmen ... Zugleich fühlt er aber, daß er dieses heiligen Gottes bedarf, unter allen Umständen und auf Leben und Tod.

10 Im Letzten ist jedes Gebet die Antwort des Menschen auf Gottes Heiligkeit. Ein nur allwissender, allgerechter, allmächtiger, allwirklicher Gott wäre etwas Ungeheures, eben das absolute Wesen. Man würde Ihn bewundern, anerkennen, sich vor Ihm fürchten, sich von Ihm erdrückt fühlen oder was immer, aber man könnte nicht zu Ihm beten. Das ist erst auf seine Heiligkeit hin möglich.

11 Der Mensch wird vor der Heiligkeit Gottes seines eigenen Unwertes inne. Er sieht, daß er selbstsüchtig, ungerecht, befleckt, böse ist. Er fühlt und ermißt sein Un-

recht: bestimmte Handlungen von heute, von gestern, von irgendwann; darüber hinaus aber den ganzen Zustand, in dem er sich befindet, sein Dasein, wie es geartet und gerichtet ist; »die Sünde«, wie die Offenbarung sie versteht, und wie sie auch in ihm ihr Wesen treibt.

12 Der Mensch weiß, daß Gott der Inbegriff ist: Sinn, Heil, Leben, Heimat, alles. So verlangt er nach Gott. Wenn er aber nicht aus dem unmittelbaren Gefühl heraus nach Gott zu verlangen vermag, weil er stumpf und entmutigt ist, so muß er sich sagen, daß er dieses Verlangen haben sollte und sich aus dem Glauben heraus darum bemühen … Auch diese Bewegung bedeutet Gebet.

13 Gottes Größe ist über jedes Maß, die aber nichts Unmäßiges, Unförmiges, Ungeheuerliches an sich hat, sondern ganz hell, leicht, beherrscht, mit einem Wort, vollkommen ist … Vor dieser Größe beugt sich der Mensch. Die Anbetung ist der lebendige Vollzug der Tatsache, daß Gott einfachhin »groß«, der Mensch aber ebenso einfachhin »klein« ist; daß Gott durch sich und in sich, der Mensch aber durch Gott und in Gottes Macht besteht.

14 Wenn die Anbetung nur sagte: »Ich beuge mich vor Dir, weil Du stärker bist als ich«, so wäre das schwach und im Letzten unwürdig. Sie sagt aber: »Ich tue es, weil Du dieses Sich-Beugens würdig bist. Ich habe erkannt, daß Du nicht nur Wirklichkeit, sondern auch Wahrheit; nicht nur die Macht, sondern auch das Gute; nicht nur Wucht und Gewalt, sondern auch der unendliche Wert und der Sinn einfachhin bist.«

15 Gott bewährt, wenn man so sagen darf, sein Gott-Sein durch seine Gesinnung. Soviel Er im Sein ist, soviel ist Er auch im Akt. Was Er ist, lebt Er; was Er hat, leistet Er … Darum ist es recht, Gott zu loben. Der Geist freut sich, daß es Den gibt, der so ist, und diese Freude strömt sich im Lobe aus.

16 Gott lebt nicht in olympischer Höhe dahin, selig in sich selbst und gleichgültig gegen die Bedrängnis des Menschendaseins. Dann wäre keine echte Bitte möglich; sie würde von vornherein hoffnungslos und unwürdig sein. Die Offenbarung sagt uns aber, daß Ihm am Menschen liegt, daß Er den Menschen liebt.

17 Wenn ein Kind in Not ist, geht es zur Mutter; wenn einer in Schwierigkeiten gerät, sucht er den Freund – so wendet sich das Herz des Menschen unwillkürlich zu dem allmächtigen Wesen, von dem er glaubt, daß es ihm wohlgesinnt sei.

18 Um alles sollen wir bitten: um die Notdurft des Lebens, aber auch um Kraft in unserer Arbeit, um Hilfe in seelischer Not, um Stärkung im sittlichen Kampf, um Erkenntnis der Wahrheit, um Wachstum in der Liebe und in allem Guten.

19 Bitten bedeutet nicht nur, daß wir zu Gott gehen, wenn wir aus eigenem nicht mehr weiterkönnen. Seine Hilfe füllt nicht nur die Lücken unseres Vermögens aus. Genauer gesagt: das, was wir bittend anrufen, ist im Letzten gar nicht »Hilfe«, die ja immer etwas Hinzukommendes, Ergänzendes bedeutet, sondern unser ganzes Le-

ben ist auf Gott hin gebaut. Alles, was wir tun, geschieht von Gott her und auf Gott hin.

20 Es ist schön, im Gebet zu den Menschen hinzudenken, die einem teuer sind; in Liebe wissend ihre besonderen Schwierigkeiten, Nöte, Anliegen zu berühren und sie vor Gottes Augen zu stellen. Es ist schön, sich in seiner Sorge um den geliebten Menschen eins zu wissen mit dem sorgenden Gott und sich zu sagen, daß jener in diesem Einvernehmen geborgen ist.

21 Zu Gott sollen wir auch die großen Dinge der Gesamtheit tragen: die Entscheidung der Geschichte, die Anliegen des Volkes, die Nöte der Zeit. Jeder ist für das Ganze des Daseins verantwortlich. Das Maß seiner tätigen Möglichkeiten ist meist sehr klein; hier aber kann jeder das Ganze in sein Herz nehmen und es dorthin tragen, wo letztlich die Schicksale geführt werden.

22 Sobald die Bitte erfüllt ist, wird sie zum Dank. Auch dieser kommt mit Selbstverständlichkeit aus dem Herzen. Mit ihm antwortet der Mensch auf Gottes Gaben. Und er soll das nicht nur dann tun, wenn eine Bitte erfüllt ist, sondern allezeit. Immerfort soll das Menschenherz auf das gütige Walten des liebenden und vorsehenden Gottes antworten.

23 Für das, was selbstverständlich ist, kann man nicht danken. Wenn ich die Gesetze der Natur kenne und sehe, wie auf eine bestimmte Maßnahme die entsprechende Wirkung eintritt, empfinde ich keinen Dank, mag diese Wirkung für mich noch so wohltätig sein ... Sobald wir aber das

Ganze nehmen, hört die Selbstverständlichkeit auf ... In Wahrheit ist es durchaus nicht selbstverständlich, daß die Welt besteht. Sie ist nicht notwendig, sondern könnte auch nicht sein. Sie ist nur, weil Gott sie gewollt hat.

24 Nicht selbstverständlich ist es, daß ich selbst bestehe. Ich finde mich in mir vor, lebe in mir, bin eben ich-selbst, so scheint mir mein eigenes Sein ebenfalls, und noch mehr als das der Welt, einfachhin gegeben und Voraussetzung alles übrigen. Dennoch weiß ich ganz genau, daß ich auch nicht sein könnte ... Zuweilen kann man das Unbegreifliche und Überströmende der Tatsache, daß man ist, ganz tief erfahren. Trotz alles Schlimmen und Schweren ist es gnadenhaft groß, daß ich atmen und fühlen, denken, lieben und handeln, daß ich da sein darf.

25 Gott, dessen Wesen und Leben alles Menschliche übersteigt, ist in einer anderen, ungeheuren Weise Person. Jeder Mensch ist nur einmal Person: Er, der Eine, spricht sein eigenes und einziges »Ich«. In Gott sind Drei, die es sprechen. Dreifach ist das Angesicht, das sich in seinem Leben abzeichnet. Dreifach die Weise, wie dieses Leben sich selbst besitzt ...

26 Wir beten nicht zu einem ungefähren Gott, so wie irgendein Gefühl oder ein Gedankengespinst Ihn meint, sondern zu einem wirklichen und verantwortlichen. Er hat uns sein Geheimnis enthüllt und uns gesagt, »wer« Er ist. Er hat uns sein »Ich« zugesprochen und seinen Namen genannt. Unser Gebet muß also an Ihn gehen, so wie Er sich kundgetan hat, an den Dreieinigen. Das Gebet des Christen ist der Umgang mit Ihm.

27 Der Vater ist ein Geheimnis. Er ist nicht einfach der Allwaltende und mit seiner Sorge alles Umfassende, wie Ihn die verschiedenen Religionen beschreiben. An sich ist Er der unbekannte Gott; bekannt geworden ist Er erst im Sohn. Der Sohn, Christus, öffnet den Eingang in den lebendigen, dreieinigen Gott.

28 Die heilige Eingewöhnung, die das Gebet vollziehen muß, wenn es christlich werden soll, beginnt also damit, daß es ins rechte Verhältnis zu Christus gelangt. Er ist unser Bruder geworden, wir sind seine Geschwister, sagt Paulus (Röm 8,29). Er ist unser Meister, wir sind seine Jünger ... Er ist der Offenbarende, die lebendige Erscheinung des Vaters; wir schauen in sein Angesicht, und »wenn wir Ihn sehen, sehen wir den Vater« (Joh 14,9).

29 Der Betende läßt sich durch Christi heilige Lehre die Gedanken ordnen und erleuchten; fragt, was er tun solle, um Ihm nachzufolgen ... Er bittet Christus um seine Liebe; gewöhnt sein Herz in sie hinein, die so anders ist, als was unsere Natur Liebe nennt, und sucht sie zu einer Macht im eigenen Dasein werden zu lassen. Er stellt sich in Christi erlösende Tat und bittet Ihn, sein Leben vor der Gerechtigkeit des Vaters zu vertreten.

30 Das Gebet zu Christus sucht das Angesicht des Sohnes, der für uns Mensch geworden ist und tut es mit Zuversicht, denn Christus ist ja keine bloße Gestalt der Geschichte, die einst da war, und von der nur jene Spuren geblieben sind, die sie mit Tat und Werk hinterlassen hat, sondern Er lebt.

Oktober

1 Das ist das Letzte, was unsere Beziehung zum ewigen Gottessohn aussagt: Er ist in uns, und wir in Ihm. Das Gegenüber des Ich-Du geht hier in einer geheimnisvollen Einheit auf. Glauben heißt, von diesem Verhältnis überzeugt, seiner inne sein. Christliches Leben heißt, aus diesem Bezug heraus leben. Zu Christus beten heißt, es betend verwirklichen.

2 Das Inne-sein in Christus wird durch Glaube und Taufe begründet; es erfährt aber eine besondere Verdichtung und Vertiefung in der Eucharistie. Durch diese wird Christus immer neu zur Speise unseres Lebens.

3 Erst durch Christus kommen wir zum Vater. Wenn wir richtig von Gott dem Vater sprechen wollen, müssen wir eigentlich hinzufügen: Ich meine Jenen, den Christus meint, wenn Er »mein Vater« sagt. Also nicht die unbestimmte, waltende Göttlichkeit, die man manchmal unter dem Himmelsraum oder im Weltgeschehen fühlt, sondern jenes heilige Antlitz, das sich zum erstenmal in den Worten Christi enthüllt und immer nur offen bleibt, solange der Mensch glaubend an diesen Worten festhält.

4 Es ist unerläßlich, immer wieder das Leben Jesu zu betrachten, sich in sein Wesen einzufühlen, Seine Worte zu beherzigen. Man kann kein Christ sein, ohne sich mit Christus zu beschäftigen. Unterläßt man es, dann gleitet man ins Welthafte ab. Nur aus dem Umgang mit Christus heraus erreicht das Gebet den wirklichen Vater im Himmel.

5 Im elften Kapitel seines Evangeliums erzählt Lukas: »Eines Tages kam Jesus aus dem Gebet zu seinen Jüngern zurück. Da trat einer von ihnen zu ihm und sagte: Herr, lehre uns beten.« … In diesem Augenblick spricht der Herr ein ewiges Wort: »So betet denn also: ›Vater unser‹.« … Suchen wir einen Eingang in das Gefüge dieser Sätze; einen Weg in ihre lebendige Mitte. Das soll uns die Bitte sein: »Dein Wille geschehe.«

6 Wille Gottes ist das, was Er von uns fordert, und was uns im Gewissen bindet. So könnten wir versucht sein, zu denken, er sei »das Sittengesetz« oder »die Pflicht« … »Wille Gottes« enthält auch das Sittengesetz, denn er bindet die Menschenfreiheit in die höchste, jedes Gewissen verpflichtende Ordnung. Allein er ist mehr als das – zumal wenn wir das Wort in dem besonderen abstrakten Sinne nehmen, den es in der Neuzeit erhalten hat. Wille Gottes ist eine unendliche Fülle und ein Inbegriff. Er ist etwas Tiefes, Nahes, Lebendiges, das an unser Herz, an das Innerste unseres Dasein rührt.

7 Wenn der Christ bitten soll, Gottes Wille möge geschehen – dann muß es möglich sein, daß er auch nicht geschehe! … Die Bitte setzt also voraus, daß die Erfüllung des Willens Gottes sich nicht von selbst versteht, sondern fraglich, vielleicht gar gefährdet ist.

8 Gottes Wille ist das, was nach seinem Ratschluß wirklich werden soll in der Welt – wie aber vollzieht sich diese Verwirklichung? Daß die Sonne aufgeht und sinkt, daß die Gestirne kreisen, daß Stoffe oder Kräfte sich so oder anders verhalten – alles das ist auch Wille Gottes. Dieser Wille

aber ist dem Naturgeschehen anvertraut. Er hat die Gestalt der Notwendigkeit. Da steht nichts in Frage.

9 Anders mit dem steht es, was nach dem Gnadenwillen Gottes aus Offenbarung und Glauben entspringen soll. Dieser Wille kann gerade nicht aus einem Zwang der Natur heraus verwirklicht werden. Was da geschehen soll, kann nur aus dem Inneren des Menschen hervorgehen, aus seinem Herzen, aus seinem Geiste, aus seiner Liebe und Freiheit. Dafür aber besteht keine sichernde Notwendigkeit.

10 Der Mensch kann den Gotteswillen, der in Schicksal, Fügung, Begegnung, in Aufgabe und Prüfung auf ihn hin geschehen soll, sogar hemmen. Der Mensch kann sich zusperren, und dann kommt der Wille Gottes gar nicht heran. Er entwickelt sich nicht; bekommt keine Freiheit vom Menschen her … Denn Gott zwingt den Menschen nicht.

11 Das Gebet des Herrn beginnt mit den Worten: »Vater unser, der Du bist in dem Himmel« … Da ist vor allem das heilige und wunderbare »Du« … Gott hat uns zuerst angerufen. Er zuerst hat »Du« zu mir gesagt. Darin hat Er mich überhaupt zu einem Angesicht gemacht, und das ist von Wesen in das seine gerichtet. So vermag ich, im christlichen Du, Gottes Angesicht zu suchen.
Und nun fordert das Gebet uns auf, jenes heilige »Du« zu sprechen, und zwar einfachhin.

12 Gott ist überall; in jedem Augenblick und in jeder Situation – aber als »im Himmel« … »Himmel« bedeutet die Weise, wie der heilige Gott mit sich selbst ist. Himmel ist

Gottes Unzugänglichkeit; ist die selige, unantastbare Freiheit, in welcher Er sich selbst gehört, als Der, der Er ist.

13 Der Anruf: »der Du bist in dem Himmel«, bedeutet, daß wir wohl ausgehen sollen von dem Ort, wo wir sind; aus der Stunde, die wir leben; aus den Dingen, mit denen wir es zu tun haben – daß aber der Gott, den wir suchen, im Himmel ist; anders, als alles das.

14 Wir müssen Gott in sein Anderssein freigeben. Wir müssen zugestehen, daß Er nicht ist wie die Dinge, wie die Zeit, wie wir selbst. Wir schreiben Ihm nicht vor, wie Er zu sein habe, sondern sind einverstanden, daß Er sei, Der Er aus sich selber ist. So wollen wir Ihn. So suchen wir Ihn. Und sind darauf gefaßt, daß Er anders ist als unser Erwarten, geheimnisvoll und unbekannt – aber ebendarin ist Er unsere Heimat, in der »unser Herz ruhen« kann.

15 Unser Menschenwesen sucht sich Gottes zu erwehren. Die verborgenste Form aber dieser Gegenwehr, ihre heimlichste Waffe besteht darin, daß sie das Gottesbild umschafft in die Ähnlichkeit des eigenen Bildes. So macht sie Gott unschädlich.

16 Von allem aus kann unser Anruf Gott finden. Wir brauchen nicht an einen bestimmten Ort zu gehen: von überall aus kann die Bewegung des Herzens sich erheben, und gelangt zu Gott … Was immer sich begeben mag und womit wir es auch zu tun haben: aus allem führt ein Weg zu Gott.

17 Unzählbare Menschen hat es gegeben, die überzeugt waren, das Göttliche lebe in vielerlei Gestalten, in Götterwesen verschiedener Art. Denken wir nur an jenes Volk, dem unsere Geschichte so tief verpflichtet ist, die Griechen. Sie waren fromm, wie kaum ein Volk sonst, begabt, wie kein zweites, und beteten doch zu vielen Göttern ... Im Wesen des Menschen muß etwas sein – und im Wesen der Dinge auch, ja im Wesen des Religiösen selbst –, was es sehr wohl möglich macht, daß der fromme Mensch zu »Göttern« gelange.

18 Andere haben gedacht, das Göttliche sei etwas ganz Unbestimmtes: ein geheimnisvolles Etwas, durch die Dinge hinströmend ... der dunkle Grund, aus dem alles aufsteigt ... der geheime Sinn, der in allem webt ... Es gibt etwas im Wesen der Welt, in der Wurzel der Dinge, in den Tiefen der Seele, das zu solcher Anschauung lockt und sich solcher Frömmigkeit erschließt.

19 Wieder andere haben Gott als etwas ganz Fernes genommen, das mit der Welt nichts mehr zu tun hat, als ein Wesen, das nur aus unendlichem Abstand verehrt werden kann, zu dem es aber keine Bitte, keine Nähe, keine Liebe, keine Vereinigung gibt.

20 Das Vaterunser weist den Weg zum »rechten Gott«. Es sagt: Willst du zu Ihm gelangen, so mußt du dort suchen, wo Der steht, der dich in diesen Worten beten lehrt. Zu Ihm mußt du treten, und mit Ihm zusammen zu Gott gehen.

21 Wenn wir fragen, wer Gott sei, so lautet die Antwort: Der, mit dem Jesus redet, wenn Er zu seinem Vater spricht. Wenn wir fragen, wie Gott gesinnt ist, so lautet die Antwort: so, wie Jesus in seinem Sein und Tun Ihn offenbart: »Wer mich sieht, der sieht den Vater.«

22 Warum soll religiöses Gefühl nicht zuversichtlich seinen eigenen Weg gehen dürfen, und worauf es trifft, das ist dann gut? Warum soll die Gottesgestalt, meine Gottesgestalt, mir nicht begegnen dürfen, wie mein Wesen und Schicksal es wollen? Christus antwortet: Weil du unheilvoll in die Irre gehen kannst. Weil du an ein falsches Gottesbild geraten kannst. Ja, es kann dir geschehen, daß du glaubst, bei Gott zu sein, und bist bei einer Verherrlichung deiner selbst … oder bei einem Trug dunkler Mächte.

23 Wenn ich Gott als sein Kind entgegentrete und »Vater« sage, dann sage ich das nicht aus einer Allverwobenheit, oder aus einem unbestimmten Gefühl des Umfaßtseins heraus, sondern aus dem Glauben an Christi Wort.

24 Glaube ist nicht nur selige Gewißheit, sondern auch Übung und Überwindung. So mußt du das Vater-Sprechen lernen. Aus der Haltung Christi heraus mußt du es lernen. Darausher, wie Er selbst »Vater« spricht; wie Er den Menschen durch seine Gleichnisse und Reden in das Vatersagen einführt …

25 In der Anrede heißt es »Vater unser«. Wir sind also angewiesen, wenn wir im Gebet des Herrn zum Vater kommen, die Anderen mitzunehmen.

Wieder wehrt sich etwas ... Es gehört doch zum Wesen der Person, einzig zu sein! Was gehen mich die Anderen an, wenn ich zu Gott komme – was doch zugleich bedeuten muß, daß ich darin wahrhaft zu mir selbst komme? ... Das Vaterunser erwidert mit einer Warnung. Es erinnert daran, daß Selbstbewußtsein und Einzigkeitsbewußtsein der Person auch heidnisch sein können.

26 Gott hat uns nicht im Dutzend angeredet ... Wenn ich zu ihm komme, so komme ich als der, der ich bin; wissend, daß ich keinen Doppelgänger habe, und mein Wort, das ich zu Gott spreche, von niemand sonst gesprochen wird, weil das, was Er mir gibt, nur mir gegeben ist ...

27 Das Wort »Gott und meine Seele, sonst nichts auf der Welt«, gesprochen in der Christenheit von den ersten Zeiten bis auf den heutigen Tag – das Wort gilt. Es hat seine Gewähr in jener Verheißung der Geheimen Offenbarung, wonach einst dem, der überwindet, »ein weißer Stein gegeben wird, und darauf geschrieben, ein neuer Name, den niemand kennt, als der ihn empfängt.«

28 »Geheiligt werde Dein Name.« ... Du sollst dich verpflichtet wissen für den Namen Gottes. Es sagt nicht nur: Du sollst ihn in Ehren halten – sondern: Du sollst Sorge haben für ihn. Du sollst wissen um seine Heiligkeit, um seine Kraft, um seine Heimatlosigkeit, um sein Preisgegebensein. Du sollst dich um ihn sorgen. Und zwar so sorgen, wie es allein im Glauben möglich ist, im Einvernehmen mit Gott selbst: Ihn bittend, er möge geben, daß die Heiligkeit seines Namens empfunden werde; daß er eine Stätte finde in den Herzen; daß er unter den Menschen heilig gehalten werde.

29 »Dein Reich komme.« … Das erste Wort, das von Jesus berichtet wird, sobald Er mit seiner Wirksamkeit beginnt, lautet: »Das Reich Gottes ist nahe herbeigekommen! Tuet Buße und glaubet der Guten Botschaft.« … Das ist die Gute Botschaft: daß Gottes Reich, das ferne war, nun nahe herbeigekommen ist. Die Menschen aber werden mit freudigem Drängen gemahnt: Versteht die Stunde! Wendet Euch zu dem, was da herankommt. Öffnet Euch! Und eine Sorge bangt, die Stunde könne versäumt werden.

30 Immer wieder spricht Jesus in seinen Gleichnissen vom Reiche Gottes … In einem dieser Gleichnisse heißt es, das Reich Gottes sei wie ein Schatz im Acker … Ähnlich das Gleichnis von der Perle … Ein andermal ist das Reich Gottes ein Senfkorn, klein unter allen Samenkörnern … Wieder ist das Reich Gottes ein Fischernetz … Ähnlich das Gleichnis vom Unkraut im Acker.

31 Reich Gottes bedeutet, daß Gott regiere, unmittelbar und mächtig. Daß Gott aus der Freiheit seiner Liebe heraus die Sünden vergeben habe, und der Mensch, geheiligt durch die Heiligkeit Christi, ganz Gottes Eigen sei … Reich Gottes bedeutet, daß seine Wahrheit im Geiste aufstrahle, und nun kein mühsames Suchen, kein kümmerliches Stückwerk mehr sei, sondern offen leuchtende heilige Fülle.

November

1 Reich Gottes bedeutet, daß Er in seiner Heiligkeit empfunden, in seiner Majestät gespürt werde. Daß die Freiheit sich Ihm ergeben habe, und Gott im Willen des Menschen, in allen seinen Kräften walte, freudig bejaht …

2 Reich Gottes bedeutet, daß Er, Gott, als der Vater, der Bruder, der Freund nahe sei, im Grunde des Gemütes … Daß empfunden werde, wie die Liebe waltet; wie sie hingeht und her, spendet und empfängt; wie in ihr alles eins wird, eines jeden Dinges Wesen und Schönheit aufblüht …

3 Reich Gottes bedeutet, daß Gott in seiner Wirklichkeit und Fülle deutlich werde und alles durchherrsche, und das Geschöpf in Ihm sei, eins mit Ihm, und ebendarin frei zu seinem Eigensten.

4 Als der Herr kam, war dieses Reich nahe. Gott war so nahe »herbeigekommen«, daß Er bereit war, überall durchzubrechen. Bereit, alles an sich zu ziehen, und zur Freiheit der Gottesgemeinschaft zu führen. Die Menschen wurden aufgefordert, »ihren Sinn zu wenden«, sich aus ihrer Verkehrung und Verfallenheit hinzuwenden zu Dem, was da rief.

5 Der Herr sagt uns durch die Bitte des Vaterunsers: Das Reich Gottes ist nicht »da«, fest und fertig. Es steht im Kommen. Immerfort steht es im Kommen, und wir sollen bitten, daß es anlange.
Das Reich Gottes ist wie etwas, das sich auf uns richtet. Das zu uns hindrängt, zu jedem Einzelnen von uns; zu Jedem, in seiner Verbundenheit mit Allen.

6 Der Mensch muß sich dem Reich Gottes öffnen. Er muß glauben. Er muß sich bereit machen. Er muß sich in Sehnsucht ausstrecken. Er muß es wagen mit dem Reich Gottes, es einlassen, sich hineingeben.

7 Wenn der Mensch sich verschließt; wenn er gleichgültig bleibt, oder widerstrebt, oder sich auflehnt und den Gehorsam verweigert – dann gleitet das Reich von ihm ab. Die Kraft des allmächtigen Gottes wirkt da, aber sie wirkt nur in Freiheit hinein, und wenn die Freiheit sich auftut. Geschieht das nicht, dann ist die Gotteskraft gleichsam ohnmächtig …

8 Zerstreut sich der Mensch in die Geschehnisse des Tages; verstrickt er sich in die Leidenschaft; verliert er sich an Mensch und Besitz, dann findet das Reich keine Stätte, flutet zurück, versickert.

9 »Dein Wille geschehe, wie im Himmel, also auch auf Erden.« … Wenn wir einen Gebildeten unserer Zeit fragen, was der Himmel sei, so wird er antworten: Der Raum, in dem sich die Weltkörper bewegen. Die Antwort ist richtig; es ist die der Naturwissenschaft … Wenn wir ein Kind fragen, dann wird es vielleicht hinaufdeuten: Das da droben! Wieder eine richtige Antwort, die des Augenscheins … Es kann aber auch sein, daß die Antwort, ob sie nun ein Kind oder ein gläubiger Mensch sonst gibt, anders ausfällt, und etwa so lautet: Der Himmel ist der Ort, wo Gott wohnt …

10 Wenn wir wissen wollen, was der Himmel ist, müssen wir die Offenbarung fragen. Wir müssen Den fragen, der aus dem Himmel zu uns gekommen ist, herabgestiegen auf die Erde und wieder dorthin zurückgekehrt: Jesus Christus.

11 Jesus Christus spricht vom Himmel so, daß dieser nicht etwas für sich Abgetrenntes ist, sondern an das lebendige Gottesdasein gebunden. Wenn Jesus den Vater nennt, dann setzt Er zu den Worten »Euer Vater« fast immer hinzu »im Himmel« … Und wieder bindet Christus den Himmel an den Menschen, als dessen seliges Ziel und Endzustand. So werden wir aufgefordert, »unsere Schätze in den Himmel zu sammeln«; das heißt, Ziel und Maßstab unseres Denkens und Tuns, den Ertrag und die Vollendungsgestalt unseres Daseins dorthin zu verlegen.

12 Der Himmel ist die Wohnung Gottes. Er ist das, wo Gott bei sich selber ist. Kein für sich bestehender Ort, »in« welchem Gott wäre, sondern das »unzugängliche Licht, worin Gott wohnt«; die klare, aber in ihrer heiligen Überklarheit dem Menschen verschlossene Unzugänglichkeit, worin Gott bei sich selbst ist.

13 Wenn gesagt wird, im Himmel geschehe der Wille Gottes – durch wen geschieht er da? Durch ihn selbst. Der Heilige Geist ist die wesenhafte Erfüllung des Gotteswillen. Im Heiligen Geiste vollzieht Gott seinen Willen unendlicher Selbsthingabe, indem der Vater sich hinschenkt an den Sohn, und der Sohn sich zurückschenkt an den Vater und bei Ihm ist, »auf Ihn hin«, wie Johannes sagt, göttliche Selbstweggabe, und doch ewig gewahrt und geborgen.

14 Gottes Wille – welcher Wille ist, in Liebe sich mitzuteilen – hat die Welt geschaffen, auf daß Er, göttlich geschenkt, in ihr sei; auf daß sie, in freier Gabe sich wiederschenkend, zu Ihm gelange und in der Liebe mit Ihm eins werde.

15 Wir tun den heiligen Willen nicht, weil uns die Wirklichkeit der Welt stärker und blühender erscheint als Er. Weil wir irgendeinen Wert der Welt näher und lockender empfinden.

16 Gott hat die Welt geschaffen, und es war Ihm göttlich ernst damit. Was Er geschaffen hat, die Dinge und der Mensch, sind keine Scheinwesen … Was bei den Dingen bedeutet, daß sie in eigene Wirklichkeit und Wesenhaftigkeit entlassen sind, das ist beim Menschen die Freiheit. Er ist entlassen ins Stehen in sich selbst; ins Handelnkönnen aus sich selbst.

17 Die Ernsthaftigkeit der Schöpfung, in ihr liegt eine furchtbare Entscheidung, nämlich daß der Mensch vor den Gedanken komme: Dieses Ding, das so wirklich und wesenhaft dasteht, und ich, der ich aus mir selbst heraus lebe und handle – wir zusammen sind genug. Wir können es wagen daraufhin, daß es uns allein gibt! Gerade die Meisterlichkeit, in der Gott die Welt geschaffen hat, begründet die Gefahr, daß diese sich mißverstehe und glaube, es wagen zu können, ohne Gott. Das wäre die Sünde. Und sie ist geschehen, und geschieht immerfort.

18 Der Mensch besteht nicht als Fertig-Abgeschlossenes, sondern in der Bewegung auf Gott hin. Er wird immer wirklicher, je näher er Gott kommt. Das ist die Bewegung, durch welche das Geschöpf sich selbst zurückschenkt an Ihn, der schaffend sich in es hineingeschenkt hatte. Eben diese Bewegung aber ist nichts anderes als die Erfüllung des Willens Gottes. Gottes Willen tun heißt Ihm näher kommen.

19 Die Bitte um das tägliche Brot. Dem Menschen, der sie spricht, ist es nicht um eine allgemeine Weltordnung zu tun. Er erinnert nicht Gott daran, die vernünftige Einrichtung des Daseins möge auch heute und morgen und mit Bezug auf die eigene Nahrung und Kleidung richtig funktionieren. Dieser Mensch sucht vielmehr Stand zu fassen im »Trachten nach dem Reich Gottes«. Er vollzieht die Einheit des Einvernehmens mit Gott in dieser Sorge; an der Stelle, wo er sich befindet, und an dem Tage, den er durchlebt.

20 »Vergib uns unsere Schuld.« … »Schuld« bedeutet die Verfehlung gegen das, was verpflichtet. Also daß getan wird, was nicht getan werden darf; daß nicht geschieht, was geschehen soll. Wodurch aber wird bestimmt, was geschehen soll, und was nicht geschehen darf? In der ethischen Sprache der Neuzeit sagen wir, es sei das »Sittengesetz« … Die einen denken das Sittengesetz etwa nach der Art der Gesetze des Staates. Diese sind rechtmäßig gegeben und verpflichten den Staatsbürger … Andere fassen es abstrakter, etwa nach der Art der logischen Regeln, welche das Denken ordnen.

21 Für den Glaubenden ist das, was im Gewissen bindet, nicht nur ein abstraktes Sittengesetz, sondern etwas Lebendiges von Gott her.

Gott selbst ist das Wesenhaft-Gute, und er will, daß wir gut werden, wie Er gut ist … Die Offenbarung sagt uns: Das Verpflichtende ist der lebendige, heilige Wille Gottes, der sich an alle Menschen wendet, und an mich unter ihnen. Dieser Wille Gottes hat etwas ganz Persönliches.

22 Habe ich versagt, so steht auch das Versagen nicht im abstrakten Raum, zwischen »Gesetz« und »Subjekt«, sondern im lebendigen Raum der Liebe; zwischen Ich und Du, Wort und Ant-Wort … Und es gibt eine Weise, wie ich mir dieser Schuld in Liebe bewußt werden und mit ihr in die Liebeslebendigkeit Gottes eingehen kann: die Reue. Die Reue ist die Liebe in der Schuld.

23 »Wie auch wir vergeben denen, die an uns schuldig geworden sind.«
Du kannst um Vergebung bitten; aber nur, wenn du in dem Raum stehst, worin diese Bitte ihren Sinn hat. Nicht in der bloßen sittlichen Scham, oder Bedrücktheit, oder Furcht vor schlimmen Folgen, sondern in der Liebe. Ob aber die Liebe da ist, wird dir deutlich, wenn du dich fragst, wie du dem anderen Menschen gegenüberstehst, wenn er dir Unrecht getan hat.

24 »Und führe uns nicht in Versuchung.« … Man könnte die Bitte dahin verstehen, Gott solle uns nicht in die Möglichkeit bringen zu sündigen. So kann sie aber nicht gemeint sein; denn in dieser Möglichkeit stehen wir bereits … Nachdem Gott die Dinge fertig geschaffen hat, stark an Sein und reich an Sinn, ist ein für allemal die Möglichkeit da, sie für sich zu nehmen, als in sich allein gegründet und sich selbst genügend … Das wäre die Sünde.

25 Kann Gott zulassen, daß die Versuchung so groß wird, daß wir wirklich fallen? Es hieße Gott harmlos machen, wenn wir leugnen wollten, daß Er das kann, und daß Er es göttlich darf … Die Versuchung des heutigen Tages wächst aus dem heraus, was gestern war, und vorher, und durch die ganzen vergangenen Jahre hin. So kann es wohl sein, daß das Versagen, der Leichtsinn, der Ungehorsam, die Trägheit, die Leidenschaft vieler vergangener Stunden Erfüllung und Strafe in einer Versuchung finden, die über meine Kraft geht.

26 Die Bitte des Herrengebetes … ruft das in Gott an, was über seine Gerechtigkeit geht: seine Barmherzigkeit. So ist sie die Bitte um Gottes Geduld.

27 Wie steht es mit dem, wovon das neunte Kapitel des Römerbriefes redet, mit dem dunklen Geheimnis der Vorherbestimmung? Daß Gott alles weiß … und so auch unser ewiges Geschick … und der Mensch keine Möglichkeit hat, über Gott hinaus an eine Gerechtigkeit zu appellieren? Alle Versuche, mit feinen und feinsten Unterscheidungen durch das Geheimnis zu kommen, sind im Letzten doch vergeblich … Nachdem sichergestellt ist, daß Gott »nicht den Tod des Sünders will, sondern daß er sich bekehre und lebe«; sichergestellt, daß alles Böse nur vom Menschen kommt, nicht vom heiligen Gott; die ewige Verlorenheit des Menschen also seine eigene Schuld ist, und Gott nur gerecht, wenn Er sie verhängt.

28 Der wahre Sinn des Gedankens der Vorherbestimmung: letzte Gewähr dafür zu sein, daß alles aus Gottes Freiheit komme, alles Gnade bleibe – weil es nur so Liebe sein kann … Es ist, als ob der Mensch die Erde losließe – und im gleichen Augenblick vermöchte er frei zu steigen. Im Maße er die Sicherheit losläßt und sich in die Freiheit der Liebe Gottes gibt – im selben Maße ist ein Vertrauen da über alle Vernunft, und eine Hoffnung über alle Sicherheit …

29 »Erlöse uns von dem Bösen« – bedeutet: Erlöse uns vom Bösen in uns, auf daß nicht das Übel werde in der Welt … Lehre uns verstehen, wie das Übel aus dem Bösen im Menschen kommt; aus dem Bösen in mir … Lehre mich verstehen, daß die Welt immerfort neu werden kann, das Gute draußen aus dem Guten drinnen, im Herzen, das erlöst ist und von Dir durch Glauben und Taufe den Keim der neuen Schöpfung empfangen hat.

30 Das »Amen« erinnert uns, daß rechtes Beten auch ein Tun ist … Entscheidung soll geschehen, die macht, daß nachher nicht alles wieder weg ist, sondern die Gesinnung sich gefestet hat und im täglichen Tun zur Geltung kommt … Das ganze Vaterunser kreist um das Reich Gottes; in ihm lebt das Bewußtsein von dessen Nähe und die Hoffnung auf sein Kommen. Das Amen aber spricht: »Ich will es, daß es komme!«

Dezember

1 Überall begegnen wir dem Symbol, dem Kranz des Advents …
Er ist ein Symbol für die Zeit, die nach dem Fall des ersten Menschen vergehen mußte, bis der Erlöser kam … Im Kranz stehen vier Kerzen: vier Sonntage, vier Jahrtausende des Wartens. Die Vierzahl ist aber selbst wieder symbolisch. Wir begegnen ihr in der Heiligen Schrift oft; sie meint ein großes Maß. So bedeuten die vier Jahrtausende eine sehr lange Zeit; Paläontologie und Frühgeschichte belehren uns, wie lange sie gewährt hat.

2 Die Menschen haben gewartet, und der Erlöser ist gekommen. Beides, das Warten wie das Kommen, ist also gewesen. Von hierher betrachtet, sagen die Kerzen nur: Denk an das lange Harren durch die dunklen Zeiten und an das leuchtende Geschehen vor neunzehneinhalb Jahrhunderten. Freue Dich der heiligen Ankunft und sei dankbar …

3 Die Feste der Kirche erinnern an Vergangenes, sie sind aber auch Gegenwart, lebendiger Vollzug; denn was einmal in der Geschichte geschehen ist, soll sich im Leben des Glaubenden immer wieder ereignen. Damals ist der Herr gekommen, für Alle; Er muß aber immer neu kommen, für Jeden. Jeder von uns soll das Warten, Jeder die Ankunft des Herrn erfahren, damit ihm daraus das Heil werde.

4 Muß nicht auch das Heil Sache meines eigenen Ernstes und meiner Bemühung sein? Was soll da das Warten auf Einen, der von anderswo kommt? Das wäre aber nicht richtig gedacht … Was gibt es zum Beispiel Wichtigeres, als daß ich in meinem Leben den Freund finde? Ein Freund ist einer, der nicht nur an sich denkt, sondern auch an mich … Etwas Großes und Kostbares ist also ein Freund. Kann ich

ihn mir aber selbst schaffen? ... Ich kann empfänglich und wachsam sein, damit ich es merke, wenn ein Mensch mir nahekommt, der für mich wichtig werden kann – aber er muß kommen!

5 So ist es auch mit der Liebe. Der Mann bedarf der Frau, die ihm Gefährtin, und die Frau des Mannes, der ihr Heimat sein könne, damit sie dann miteinander jene lebendige Welt schaffen, die Familie und Haus heißt – kann aber der Eine sich den Anderen herstellen? Er kann ihn suchen; aber der Andere muß kommen, aus der Weite der Welt, aus der Vielzahl der Menschen, irgendwann einmal auf ihn zu ...

6 Mit unserem Beruf, unserer Lebensarbeit, unserer Stellung im Ganzen des Daseins ist es ähnlich. Manches davon können wir erringen – Anderes aber und nicht Unwichtiges muß sich aus den Fügungen des Lebens ergeben. Die Möglichkeit muß sich öffnen; ich muß sehen: hier, jetzt – und dann zugreifen. Wohl bin dann ich selbst es, der zugreift und leistet, aber die Möglichkeit vorher hat sich mir aufgetan ...

7 Auf einem Kommen ruht auch unser Heil. Den, der es wirkt, den Erlöser, haben die Menschen nicht selbst erdenken noch hervorbringen können; Er ist aus dem Geheimnis von Gottes Freiheit zu ihnen gekommen. Wie oft haben sie es versucht! In allen Völkern erscheinen uns Heilbringergestalten, die aus dem Erlebnis der Daseinsnot hervorgegangen sind.

8 Der wirkliche Erlöser ist aus der Freiheit Gottes gekommen: in ein kleines Volk, das wohl kein Rat der Völker gewählt haben würde; in eine Zeit, die niemand als die richtige erweisen könnte; in eine Gestalt, angesichts derer uns, wenn es uns gelingt, die Gewohnheit abzustreifen, das Staunen befällt.

9 Jedes Jahr mahnt der Advent uns, das Wunder dieses Kommens zu bedenken. Erinnert uns aber auch daran, daß es seinen Sinn erst dann erfüllt, wenn der Erlöser nicht nur zur Menschheit im Ganzen, sondern auch zu jedem Menschen im Besonderen kommt: in dessen Freuden und Nöte, Einsichten, Ratlosigkeiten und Versuchungen, in alles das, was sein nur ihm eigenes Wesen und Leben ausmacht.

10 Christus ist mein Erlöser; Jener, der mich bis in mein Eigenstes kennt, mein Schicksal in seine Liebe nimmt, mir den Geist erhellt, das Herz berührt und den Willen zum Rechten wendet.

11 Der Advent ist die Zeit, die mahnt, daß wir uns fragen, jeder in sein Gewissen hinein: Ist Er zu mir gekommen? Weiß ich um Ihn? Ist Vertrauen zwischen Ihm und mir? Ist Er mir Lehrer und Meister? Daraus aber sofort die weitere Frage: Steht in meinem Innern die Türe für Ihn offen? Und der Entschluß: Ich will sie auftun.

12 Johannes der Täufer sieht im Messias vor allem den Furchtbaren, der Gottes Zorn vollstreckt. Sein Wort wird wie ein Sturmwind durch das Land fahren und die Menschen nach ihrer Gesinnung scheiden ... Nun wird

aber Johannes berichtet, daß nichts dergleichen geschieht. Jesu Wort hat einen ganz anderen Klang, als ihn einst das der großen Propheten gehabt hat ... Jesus redet von Liebe; väterlicher, verzeihender, sorgender Liebe, die sich auf alle Menschen richtet.

13 Von dem Stoß, der nach des Johannes Erwartung das Land erschüttern soll und auf den er mit der ganzen Leidenschaft seiner großen Seele wartet, ist nichts zu spüren – so erhebt sich in ihm die bedrängende Frage: Ist dieser Jesus von Nazareth wirklich Jener, der die große Scheidung bringen soll?

14 Johannes der Täufer ist Prophet, der letzte in ihrer Reihe. Jener, den Jesus den »größten der vom Weibe Geborenen« genannt hat (Mt 11,11), und dennoch menschlicher Schwäche verhaftet. Das Zeugnis, mit dem Gott ihn beauftragt hat, widerruft er nicht; aber er selbst, persönlich, wird ratlos. Er kann sich das messianische Gericht nur als Sturm und Feuersglut denken; so läßt er fragen: Was ist das, was da geschieht?

15 Jesus antwortet den Jüngern des Täufers: »Geht hin und berichtet dem Johannes, was ihr hört und seht: Blinde sehen, Lahme gehen, Aussätzige werden rein, Taube hören, Tote stehen auf, Armen wird das Evangelium verkündet.« Er ruft die Prophetie vom Messias an und sagt: Sie ist in mir erfüllt. Dann aber fügt Er hinzu: »Selig, wer an mir kein Ärgernis nimmt!«

16 Der zum Glauben Gerufene nimmt Ärgernis, wenn der, der ihn ruft, eine Eigenschaft oder eine Handlung vollbringt, die ihm Anlaß, sagen wir richtiger, Vorwand gibt, den Glauben zu verweigern. Ein schweres Geheimnis: Das, was von Gott kommt und Wahrheit offenbart, was Glauben fordert und dem Glaubenden das Heil bringen will, ist mit etwas verbunden, das die Gefahr in sich schließt, mißverstanden zu werden …

17 Wer der wirkliche Gott sei, wissen wir von uns aus nicht. Wie wahr das ist, merken wir, wenn wir einmal prüfen, was die Menschen alles über Ihn gedacht haben. Sie haben Ihn als die Urmacht empfunden, die im Gewitter, im Meer, in der Sonne, in aller Natur waltet; haben Ihn als den »Vater der Götter und Menschen« verehrt; Ihn als das Wesensgesetz der Welt und die treibende Kraft der Geschichte vorgestellt, und wie immer noch. Den wirklichen Gott, den lebendigen, der in reiner Freiheit und Großmut die Welt erschaffen hat; der jeden Menschen in das Einvernehmen des Gehorsams und der Liebe ruft – den hat uns erst die Offenbarung kundgetan.

18 Der lebendige Christus war die Offenbarung einfachhin. Nicht bloß, was Er gesagt, sondern auch, was Er getan hat und was Ihm widerfahren ist. Mehr, was Er gewesen ist – und wie fühlen wir den unsäglichen Vorzug jener, die sein Antlitz schauen, die Gebärde seiner Hände empfinden durften! Alles das war Offenbarung, lebendig seiendes Wort, in welchem das Verborgene offen wurde.

19 Wer christlich von Gott reden will, darf nicht über das absolute Wesen philosophieren, sondern muß mit dem Satz beginnen: Gott ist so, wie Er sich in Jesus kundtut … In der Person Jesu, in seinem Leben und Schicksal übersetzt Gott – der Enthobene, von dem niemand weiß – sich selbst in menschliche Sprache und Gestalt, menschliches Tun und Geschick …

20 Die Tatsache, daß Gott da, ins Menschliche übersetzt, auf uns zukommt; daß wir Ihn, wie Johannes sagt, sehen, hören, mit Händen greifen können (1 Joh 1,1–3) – besteht nicht die Gefahr, daß etwas Widerstrebendes in uns sie zum Anlaß nehme, zu sagen: So kann Gott nicht sein? Der Gott, dessen Offenbarung uns in die Wahrheit bringen soll, kann nicht sein, wie Er aus alledem deutlich wird: der Not ausgesetzt, von Menschen bekämpft und schließlich zu Tode gebracht?

21 Wie soll ich Jesu Menschlichkeit – ebenso wie die Menschlichkeit dessen, was von ihm herkommt, nämlich der Kirche und des ganzen christlichen Daseins –, wie soll ich das in den Blick bekommen und daraus zugleich die Offenbarung Gottes schauen?
In der Bergpredigt spricht Jesus das Wort: »Selig, die reinen Herzens sind, denn sie werden Gott schauen.« (Mt 5,8) Meistens bezieht man es auf die Erkenntnis, die Gott in der Ewigkeit Jenen geben wird, die ihr Herz geläutert haben. Das ist aber jedenfalls nicht der volle Sinn. Der bezieht sich schon auf dieses irdische Leben und sagt: Gott hier, in der Gestalt seiner Offenbarung zu schauen, werden jene fähig, die reinen Herzens sind.

22 Wenn die heilige Botschaft ist, was sie zu sein beansprucht, steht sie zu den Gedanken der Zeit immer quer. Immer holt sie den hörenden Menschen aus dem, was von der Zeit her gedacht wird, heraus, um ihn in das zu führen, was von der Ewigkeit her gilt.
Wir stehen in der Verworrenheit und tun gut, immer neu die Unterscheidung zu vollziehen.

23 Für viele ist Weihnachten eine von religiösem Hauch umgebene Gelegenheit des Schenkens und Beschenktwerdens; mit alledem erfüllt, was dabei an Güte, Freude und Dankbarkeit, aber auch an Begehrlichkeit und Unzufriedenheit erwacht. Nun kann das Geben und Empfangen wirklich einen Weihnachtssinn haben. Aber nur dann, wenn in ihm eine Erinnerung an die Gaben aus Gottes Reichtum empfunden wird – und wenn man sich bewußt bleibt, daß Weihnachten auch Jener feiern kann, der niemand hat, dem er schenken könnte, noch Einen, der ihm selbst etwas gäbe.

24 Gott ist Mensch geworden, Sohn einer menschlichen Mutter, Einer von uns – und geblieben, was Er ewig ist, Sohn des Vaters im Himmel. Er, der als Gott in allem war, aber immer »auf der anderen Seite der Grenze«, in der ewigen Vorbehaltenheit, ist über die Grenze herübergekommen, und war nun bei uns, mit uns.
Von diesem Ereignis spricht Weihnachten. Das ist sein Inhalt, das allein.

25 Kann Gott, der Ewige und Absolute, in eine solche Einheit mit einem Menschenwesen eingehen? Ist es nicht Unsinn und Frevel, Derartiges mit dem Gedanken des Heilig-Ewigen zusammenzudenken? Hier gibt es nur eine

einzige Antwort; die gibt Er selbst, und die lautet: Gott liebt uns, und »die Liebe tut solche Dinge«.

26 Nicht an eine Allerweltsliebe des Wohlwollens glauben wir, wonach »da droben überm Himmelszelt ein guter Vater wohnt« und alles mit Segen erfüllt – von der haben schon die Heiden gewußt. Nein, sondern an jene Liebe, in der Gott gewollt hat, um ihretwillen solle nie mehr »bloßer« Gott, sondern menschgewordener Gott sein.

27 Was uns das Weiterleben möglich macht, ist das beständige Anfangen: daß uns mit jedem Morgen, mit jeder Aufgabe und Begegnung; mit jedem Schmerz und jeder Freude das Neue entgegentritt ... In Wahrheit verstehen wir unter dem Neuen meist das Aufregende. Wir sind nur selten bereit, das Neue im Kleinen und Leisen zu empfinden.

28 Das Enden hat noch einen anderen Charakter – jenen, den wir meinen, wenn wir sagen: »Das ist vollendet.« Es ist im Enden voll geworden. Seine Kontur hat sich geschlossen. Worum es ging, ist herausgekommen und hat seine Gestalt gefunden. Darum ist ja für den Menschen, der weiß, was Leben heißt, der Tod nicht einfach das Abreißen; der letzte Tropfen, der aus dem leer gewordenen Glas käme, und nun wäre nichts mehr da – sondern er ist Gestalt.

29 Ende des vergangenen Jahres, Anfang des neuen. Da dringt das, was immerfort geschieht, besonders scharf ins Bewußtsein. ... Für unser Bewußtsein verbindet sich der Silvesterabend meistens mit Lustigkeit, mit allerlei Erregendem, mit lauten Stimmen und Feuerwerk ...

Gewiß, in der Silvesterfröhlichkeit liegt eine sehr ursprüngliche Freude: noch da zu sein; ins andere Jahr kommen zu dürfen.

30 Echtes Enden würde verlangen, daß ein Abschluß geschähe. Irgendeine Art von Rückblick, von Prüfung und Wägung; irgendeine Art von Rechenschaft, vor dem Gewissen, vor Gott. Und echtes Anfangen würde ... in irgendeinem Sinne ein Sich-Rüsten sein für das Neue; ein Sich-Bereitmachen für die kommenden Erprobungen, Aufgaben und Schicksale; ein Ausschauen nach dem, was den Weg zeigt, was stark macht und Mut gibt.

31 Als Gott uns schuf – aber jeder muß nun sagen: als Gott mich schuf, hat Er mit mir etwas im Sinn gehabt. Er hat gewollt, ich solle zu etwas werden, das nicht nur für mich, sondern auch für die Welt Unersetzbares bedeuten würde; ja an dem Er selbst Freude haben könne. Die Schrift nennt es das Gott-Ebenbild. Das gibt es so vielmal, als es Menschen gibt; denn der Mensch ist Bild Gottes nicht im allgemeinen, sondern jeder ist es in seiner eigenen, unwiederholbaren Weise.

Quellennachweis

1. Januar – 31. Januar /
1. Februar – 28. Februar
Vom lebendigen Gott. TOPOS-Taschenbuch, 2. Auflage 1987, Matthias Grünewald Verlag.

1. März – 31. März
Gedanken über moderne Askese. Vortrag Hessischer Rundfunk, 1955. Sprechkassette, 1990, Matthias Grünewald Verlag.

1. April – 10. April
Der Kreuzweg unseres Herrn und Heilands. TOPOS-Taschenbuch, 7. Auflage 2010, Matthias Grünewald Verlag.

11. April – 30. April
Johanneische Botschaft. Jesus Christus. Geistliches Wort. Romano Guardini Werke. 1992, Matthias Grünewald Verlag · Verlag Ferdinand Schöningh.

1. Mai – 31. Mai
Die Annahme seiner selbst. Den Menschen erkennt nur, wer von Gott weiß. TOPOS-Taschenbuch, 9. Auflage 2008, Matthias Grünewald Verlag.

1. Juni – 30. Juni / 1. Juli – 31. Juli /
1. August – 31. August
Tugenden. Meditationen über Gestalten sittlichen Lebens. Romano Guardini Werke. 7. Auflage 2007, Matthias Grünewald Verlag · Verlag Ferdinand Schöningh.

1. September – 30. September /
1. Oktober – 4. Oktober
Vorschule des Betens. Romano Guardini Werke. 12. Auflage 2011, Matthias Grünewald Verlag · Verlag Ferdinand Schöningh.

5. Oktober – 31. Oktober /
1. November – 30. November
Das Gebet des Herrn. TOPOS-Taschenbuch, 11. Auflage 2008, Matthias Grünewald Verlag.

1. Dezember – 31. Dezember
Nähe des Herrn. Betrachtungen über Advent, Weihnachten, Jahreswende und Epiphanie. TOPOS-Taschenbuch, 4. Auflage 2009, Matthias Grünewald Verlag.